病気の子どもの こころの世界

描画・箱庭・物語づくりから
見えてくるもの

角田哲哉

創元社

口絵1（図31-③、p.73）

虹の中を走る車
骨髄移植前の作品。「空、地、水」の切り替えレバーがあり、今それは「地」を指している。

口絵2（図33-②、p.76）

少女を刺す悪魔
憎しみや怒りを守られた中で表出するのはとても大切なこと。

口絵3（図34、p.79）

暗い森の中を歩く少女
「暗くさびしい」「さまよう」「出口がない」という状況は病気の子どもの物語に多く見られる。

口絵4（図36、p.80）

悪環境に置かれた主人公
滝の流れに耐えて必死に咲くコスモス。物語では崖っぷちに咲く花などが描かれることが多い。

口絵5（図4-②拡大、p.90）

傷ついた蝶
右の羽が傷ついてボロボロな蝶、それは右脚に障害を負った作者の姿そのものである。

口絵6（図39-①、p.93）

喀血する若者
健康で完璧と思い込んでいた人の中にも病は存在すると気づく物語。

口絵7（図39－②、p.94）

死の世界とのつながり
死の世界へ向かっての叫び、訴えも病気の子どものテーマとしてよく現れる。

口絵8（図19－②、p.115）

天国と地獄
お花畑の横に大きく口を開く暗く深い谷に、病気の子どもの心の深淵を見るようである。

口絵9（図38、p.82）

希望の光
「木のトンネルを抜けると、そこはまぶしいばかりの日の光……」。退院の決まった子どもの作品は、明るく希望に満ちている。

口絵10（図15 - ③、p.98）

桜の精霊との出会い
「生命の樹」を思わせる木の存在が、重病の主人公の身代わりとなって命を救う。

口絵11（図20 - ③、p.84）

ライオンと蝶（スクリブル）
生き方に迷うライオンは、羽の生えた変なカタツムリに示唆を受け、人生観が変わっていく。

口絵12（図20 - ⑧、p.102）

クマに教わる蝶
病気の子どもの物語には動物がしばしば登場し、大切なヒントを与えてくれる。

口絵13（図27-③、p.62、134）

閉ざされた海
船や魚は打ち上げられて身動きがとれない。失立失歩の作者の姿を表すかのようである。

口絵14（図24、p.59）

いろいろな渋滞
車も兵士も動物も渋滞して身動きがとれない。信号はずっと赤。何もかもが滞ってうまく流れない。病気の状態をよく表している。

口絵15（図22、p.56）

偏ったアイテム
病気が重篤で過保護に育った生徒。家庭や母性を表す右下に偏り、社会性や自立性の涵養について考えさせられる。

口絵16（図30－③、p.66）

屋上から飛び降りる少女
この後、少女は地獄へ行き、天国へ行き、そして生き返る。「死と再生」は重要なテーマである。

口絵17（図29－⑨、p.155）

4つの世界
中央に置かれた卵は何になるかわからない。木か、虫か、鳥か、動物か。象徴の産出は成長しようとする心の現れ。

口絵18a（図29－⑫a、p.64、160）

口絵18b（図29－⑫b拡大、p.160）

心の深奥からの呼びかけ
分かれ道に立つ黒猫。「キミは皆と同じ道でいいのかい？」という鳥の問いかけに応える。「ボクも、自分の道を行くよ!!」

口絵19（図15−②、p.40）

心の風景
川を挟んで真っ暗な左側（内界）と明るい右側（外界）。黒い家が自分の家。左右の世界に橋が架かっているところに救いを感じる。

口絵20（図19−④、p.117）

閉塞感、束縛感に満ちた風景
大岩で閉ざされた道、鳥に追いかけられる人、働かされる人々など自分の力ではどうにもならない状況が描かれる。

口絵21（図19−⑤、p.119）

変化の兆し
岩で閉ざされた道は迂回路ができ、鳥は巣づくりを始め、衣服（ペルソナ）は流される。新たな希望が生まれている。

はじめに

　全国の小・中・高等学校で何らかの病気を理由に学校を長期に休んでいる子どもたちは5万人以上いる（文部科学省「平成27年度学校基本調査」、年間30日以上欠席）。このうち、特に病気が重篤で入院したり継続的な治療が必要であったりする場合は、病弱教育を行う特別支援学校や病院の中にある院内学級に籍を移して教育を受けることになる。それらの実態は一般の人々にはあまり知られていないが、いずれも少人数の保護された環境の中で、ゆったりと療養しながら学校生活を送っている。最近ではこうした学校も、入院児だけでなく、心の病や発達障害の子どもの受け入れが急増し、そうした子どもたちへの教育が大きな課題となってきている。

　私は20年以上にわたってこうした子どもたちの教育に携わってきた。特に、思春期・青年期の最も多感で傷つきやすい時期、病気とともに生きる子どもの心の叫びに、自らのたましいを揺さぶられる思いをしたこともしばしばであった。

　その後は臨床心理士として、学校の中で心理臨床の知見を生かして仕事をしてきた。慢性疾患によって心理的な問題を抱える子どもばかりでなく、精神疾患や発達障害を伴う子どもの教育には心理臨床の専門性がどうしても必要となってくるからである。

　その私が、心理臨床を志すきっかけとなった忘れられない出来事がある。それは、病弱の養護学校（現在の特別支援学校）に転任して8年目の夏であった。養護学校では、隣接する病院に入院する子どもたちのほか、近隣の病院にも訪問指導という形で出張して教育を行う場合がある。当時、近くのがんセンターに入院している高校1年生の女子がいた。大柄で、目のくりくりした、かわいい子であった。初めて会ったとき、あまりに無愛想であった（病状からして当然なのであるが）彼女に、会うたびに「男は度胸、女は愛嬌」という言葉

を教えて、少しずつ打ち解けてきていた頃だった。出かけていくと彼女は自分から「女は愛嬌」と言って笑うようになっていた。ある日、授業が終わって休憩となったとき、食堂の片隅の日だまりで、彼女はぽつんと一言、こう言った。

「私、なんだかこれから先、長く生きられないような気がするんだ……」

この言葉に、私の体と心は固まってしまった。彼女の病状は確かに危機的であり、医師からは教員に対しても、これ以上施す治療はないと告げられていた。この言葉に何と応えたらいいか、私は言葉に窮してしまった。私はすっかり狼狽して、このとき何と応えたのか、その場は当たり障りのない言葉でごまかしたのだと思うが、はっきり覚えていない。しかし、この体験は長く私の心にとどまり、私に問い、責め続けた。このままではいけない。私は自然とカウンセリングに関する本を手にするようになっていた。「臨床」とは、死の床に臨むという意味であるというが、私の臨床はまさにそこから出発した。

もう一つ、私が心理臨床に深くかかわるようになったきっかけがある。それは、国語の授業で実施していた、俳句からの物語づくりであった。これは、私が提示した俳句から絵と物語をイメージしてつくってもらうものである。水原秋桜子の「コスモスを離れし蝶に谿（谷）深し」という句から、思い浮かぶイメージを自由に絵に描いてごらんと言ったとき、ある子が、崖の上に立つ病院と、傍らのコスモス畑から崖に向かって飛び立つ蝶の絵を描いたのである。そして自分はそれを遠く上のほうから見ているのだという。何とも不思議な、心が苦しくなるような、しかしある意味、荘厳な絵であった。蝶は、ギリシャ語で「プシケー（たましい）」を表すということを知ったのは後年のことである。

ユングは、自らが生死をさまよった際に、宇宙の高みから地球を見るという幻像を体験し、人間が危機的な状況にあるとき、天空からの視点で情景を把握するのではないかと考えた。多くの臨死体験でも、天空から自分の姿を見ていたという報告がある。それが夢の記憶によるものか、脳内物質の働きによるものかは知らないが、どうやら人間の死のイメージと天空から地上を

眺めるイメージには通じるものがあるらしい。蝶の絵を描いたのは腎臓病の子であるが、医師から、腎臓病は一生治らない病気と告げられ、「自分は長く生きられない」と意識していた。心理的には死に近い体験をしていたと思われる。この絵もまた私の心に深く印象づけられ、人間の心の深奥を追究していきたいという思いを強くさせたのである。この後、俳句をもとにした絵や物語づくりによって、子どもたちの心に変化が現れてくることに気がつくのだが、それは本編で詳述したい。

　本書は、こうしたことも含めて、病気の子どもに樹木画や風景構成法、描画、箱庭、物語づくりなどを実施し、その経過や特徴的なことをまとめたものと、それらを用いた事例で成っている。そこには、病気の子どもに特有なイメージが現れている。私はそれらをユングの言う「元型」から生み出されてきたイメージ、そしてグッゲンビュール・クレイグの提案する「障害者元型」と関連させて考えている。それはときに、病気の子どもの心理的な危機的状況に現れては、病気とともに生きることの意味を示唆したり、新たな生き方を提案したりする。

　絵画等を通じて病気の子どもの心理に迫った著作として、死にゆく子どもの心理を追ったキューブラー・ロスの『死ぬ瞬間の子供たち』や、重病の子どもの絵とその意味を述べたスーザン・バッハの『生命はその生涯を描く』、グレッグ・ファースの『絵が語る秘密』等はあるが、教育実践としてまとめられたものは多くはない。ましてや元型的イメージを反映するものとしてとらえたものは少ないであろう。

　本書は、教員であり臨床心理士でもある私が、20年来にわたって見たり聞いたり経験してきたものをまとめたものである。病気の子どもの心の世界の一端を関係者に理解してもらい、医療や看護、心理、教育その他において、その支援の実際の一助となれば幸いである。

目次

はじめに 1

序章　病気の子どもの学校生活　7

病気の子ども／入院生活の中で／命のはざまで／こころを開く

第1章　心理療法における表現活動　19

1 ユング心理学とイメージ　20
情動とイメージ／身体や心との対話

2 樹木画に現れたこころの世界　24
内的自画像／病気や治療の反映／心的葛藤と身体イメージ／発達障害の樹木／イメージの変化

3 風景構成法に現れたこころの世界　37
風景構成法とは／心の風景／変容の象徴／病状の反映／心の傷つき／発達障害の風景

4 箱庭に現れたこころの世界　55
空間象徴／病気の象徴／身体と心の関係／テーマとストーリー

5 描画や物語づくりに現れたこころの世界　70
絵が訴えるもの／シンクロニシティ／描画の意味／内的メッセージを受け取る／入院児と退院児／意味を見出す

6 俳句イメージ法に現れたこころの世界　87
俳句イメージ法の創出／自身の投影／生と死、病気／死と再生／自分の物語をつくる

7 病気の子どもの無意識的身体心像と意識の水準 105

無意識的身体心像／意識の水準

第2章 自分自身の人生の物語を つくり上げていった子どもたち 109

1 物語づくりを通してこころの再生を成し遂げた幸代 111

2 箱庭や物語づくりを通して 自己イメージを変容させていったレイ子 131

3 こころの声に導かれて一歩を踏み出したゆう子 146

第3章 病気の子どもの表現と 元型的なイメージ 169

1 表現活動の意味 170

存在の根拠を求める／表現活動の創造的側面

2 老賢者と精神元型 172

個性化の過程／独特なイメージ／意識水準と心理療法の器

3 グッゲンビュール・クレイグの障害者元型 178

病気や障害と関係するイメージ／障害者元型／新たな道を歩む力

おわりに 183

引用・参考文献 187

初出一覧 193

序章

病気の子どもの学校生活

序章　病気の子どもの学校生活

病気の子ども

　一口に病気の子どもと言っても、その実態は極めて多様であり、ひとくくりで言い表せるものではない。ましてやここで例に挙げようとしているのは、いわゆる「病気」だけではなく、慢性疾患から心身症、精神疾患や発達障害を含むものである。そこで、ここではひとまず、私の勤務していた病弱教育を行う特別支援学校や、そこに相談や通級（通常学校に籍を置いたまま、特別な支援が必要な部分だけについて通級指導教室で指導を受ける制度）に来ている子どもたちのことから述べてみたい。

　病気の子どものうち、病弱専門の特別支援学校あるいは病院の院内学級（多くは小・中学校の特別支援学級として位置づけられている）に在籍しているのは約1割に過ぎず（丹羽, 2015）、少数だが、病気の状態で言えば比較的重篤な子どもが通っている。今は医療が進歩し、またQOL（生活の質）の重視もあって在宅医療が進み、病気の子どもはあまり入院していないのが普通である。その分、小・中・高等学校で病気を抱えながら学校生活を送っている子どもは多く、トイレで隠れてインシュリン注射をしたり捕食をしたりといった問題も指摘されている（村上, 2006）。また、白血病などが完治して退院したものの、すぐには在籍校に戻れず在宅になる子どももいる。そうしたことも大きな問題であり、特別支援学校のセンター機能が法律で位置づけられたりして取り組んでいるところである。

　病弱の特別支援学校では、多くは隣接する病院があり、そこに入院する子どもが通ってくる。子どもたちは、春であれば病院からの通路に日の光を浴びて輝く花々に、秋であれば小さな植え込みの木々の紅葉などに、かすかな季節の移ろいを感じながら通学してくる。それぞれの病気で生活規制や運動制限等があることを除けば、友達同士じゃれ合ったり大きな声で叫んだりする、見た目はごく普通の元気な子どもたちである。中には車いすに乗り、鞄や医療機器を積んで教師に押されて来る子どもや、電動車いすを自分で運転し、わが物顔にけっこうなスピードでやって来る子どももいる。また、病状が悪く登校できずにベッドで一日過ごす子どももいる。そんな子のところに

は教師がベッドサイドまで行って学習を行う「床上学習」がある。

　一人一人の子どもが、それぞれの病気や個人的な事情を抱え、それでも「病気を治して、元の学校へ戻りたい」という気持ちを持って毎日を送っている。ただ、そうなるまでには多少時間がかかる場合も多い。学校の健康診断などで病気が見つかり、入院を余儀なくされた場合には、突然の境遇の変化に戸惑い混乱している。少年野球やサッカーの選手であったりすると、それまでグラウンドを思い切り駆け回っていたのがベッドに寝かされ、安静にしていなければならないのであるからその葛藤は大きい。「なぜこんな目に」「なぜ自分だけが」「何も悪いことはしていないのに」などと一人悶々と思い悩むことも多い。次の作品は、腎臓疾患の子どもたちがつくった俳句（川柳）や短歌である。

　　　　プレドニン骨も心もずたずただ
　　　　戻りたい皆の待ってるあの場所へ
　　　　7年間僕の野球よどこへいく
　　　　退院して空きベッドに君がいない
　　　　雨の夜しずくの音は子守歌
　　　　味薄い僕の塩分6グラム
　　　　食べたいなでも塩分高すぎる
　　　　外では今日もいい天気　けれども外へ行けないこのつらさ
　　　　友達と怖い話を話し合う　病気のことを忘れるように
　　　　私はね今年の夏で一年だ　思い出すとね涙が出てくるよ
　　　　帰り道若葉の木々を見上げたら　もうひといきだ私のからだ
　　　　私もね翼を広げ空高く　自由になりたい私の願い
　　　　時だけがただ過ぎていく病室で　ぼう然として空をみすえる
　　　　ネフローゼその病の名聞いたとき　心の名も真冬の二月
　　　　花ばなは朝花開きそれからね　夜には花が閉じるんだよね

　ここには生活を制限され、自由を奪われた子どもたちの悲しみやいらだち、

焦りなどが現れている。この作品がつくられた頃は、腎臓疾患も安静や食事制限など生活管理を強いられることが多かった（中村他, 1996）。今ではこうした傾向は緩和されているものの、やはり病気の子どもにとって自己管理は厳しいことである。また、子どもにとって服薬も大きな心理的ストレスとなる。毎日、一定の時間に、決まった薬を飲むということは大人でも大変な仕事である。そして、薬の副作用というのも子どもにとって大きな問題である。

入院生活の中で

　高校1年生のさとし（仮名）は大変まじめで成績も良く、決められたことはきちんとこなす生徒であった。生徒会の役員もしていて、友達の信頼も厚い。いわば模範的な生徒であった。このさとしが、薬を飲んでいない（怠薬）ことが明らかになった。初めはなぜ飲まないのか、飲むのを忘れてしまうのか、教員も医療関係者もわからなかった。本人と話をしてもよくわからない。理解力の高いさとしにとって、自分の病気に対しての薬の大切さは十分認識しているはずであった。誰もがそのことが不思議でならなかった。ところがあるとき、国語の授業でつくった川柳でその謎が解けたのである。先に挙げた最初の句、「プレドニン骨も心もずたずただ」はさとしのものである。プレドニンはステロイド系の薬で、強弱はあるが、副作用として骨がもろくなったり毛深くなったり食欲が亢進したりする。思春期で自己イメージが気になるこの年代の生徒にとって、背が伸びなくなったり太ったりすることは何よりも嫌なことなのである。それは彼自身の「骨も心もずたずた」になることであった。彼は薬をさぼって飲まなかったのではない。「飲めなかった」のであった。学校では「自立活動」と言って、病気の改善や克服を目標に自己管理の学習を行い、服薬の大切さについても指導する。しかし「薬は大切です」「薬を忘れず飲みなさい」という指導ではだめなのである。それをするには、まずこうしたつらい気持ちを受け止め、その気持ちに寄り添うところから始めなければいけないことがわかる。

　転校してきてまったく口をきかなくなる子どももいる。中学2年生の京子

(仮名) は、学校検尿で引っかかり、中学2年生のクラスに入った。男女合わせて6人のクラスで、若い担任教師のリードで、明るく楽しいムードにあふれていた。京子もその中に混じり、病室も他の生徒と同じということもあり、すぐに溶け込んだ。明るく笑い、冗談も言っていた。特別支援学校の教師は、子どもの心理的な状態に特に配慮してかかわっているので、まずはすんなりクラスに入れたことで安心していた。ところが1週間ほどして、その京子がまったく口をきかなくなってしまったのである。それどころか顔面は蒼白で、表情はまるで蝋人形のようになってしまった。中学生は教科担任制なので、教師が入れ替わり授業をするが、どの教師も口々におかしいと言い、その訳がわからなかった。病棟連絡会と言って、週に1回、学校と病院の職員が情報交換の時間を持つのだが、そのときに謎が解けた。実は京子は「1週間だけの検査入院」と言われていて、本人は、学校も体験的に入っていると思っていたのである。実際には長期になることはわかっていたようだが、親も気を遣ったのか、そのような伝え方をしていたらしい。長期入院、と聞いて本人は仰天したに違いない。自分はだまされていた、という思いとともに、周囲への不信感でいっぱいになってしまった。その結果、彼女はその後、3ヶ月間ほど、まったく口を開かなかった。ただ蝋人形のような表情で、淡々と毎日を過ごした。一般に、疾患を受容していくには「ショック→否定→直面化→適応」という心理過程をたどる (堀川, 2003) とされるが、京子の場合は入院の経緯によって、なかなかこの受容の過程が進まなかったと言える。

　入退院にまつわるエピソードも多い。新しい子どもが来ればひとしきり話題となり、退院する子どもがいれば皆で励ましたり別れを惜しんだりする。しかし特に退院の場合、周囲はあまり大っぴらに話題にしたり祝ったりすることはない。退院の見通しが立たず、長く入院している子どももいるからである。仲の良かった友達の退院への思いは複雑である。それはとても「めでたい」ことなのだが、一方で寝起きをともにしてきた仲間との別れは大きな寂しさを伴う。病棟でこんな事件があった。腎臓疾患では、蓄尿と言って毎日自分の尿をためておかなければならず、医療者によって量や成分をチェックされる。あるとき、退院の決まった友達の尿の中へ、検査前に、こっそり

11

序章　病気の子どもの学校生活

自分の尿を入れる子どもがいたのである。友達へのねたみか、あるいは退院してほしくないという思いからかわからないが、たんぱくなどの数値を上げて退院を阻止しようとしたのである。この企みはすぐにばれて、誰がやったかはわからないまま、子どもたち全員への厳重注意となったのだが、その後も、職員の心には何とも言えないやるせない気持ちが残った。

　こうした事件のほかにも、病棟生活では、まさか、と思うような事件が起こる。発達段階もそれぞれなので、年齢に応じた事件が起こると言ってもよい。小学生などの場合は、何か隠していたり、いたずらをしてもすぐばれてしまったりとわかりやすいものが多いが、中学生ぐらいになるとやることも巧妙で、大人もすっかりだまされたりする。

　中学1年生ののぼる（仮名）は、入院生活が長く、やんちゃで、病棟では親分的な存在である。しかし、やることはまだまだ幼く、ふっと笑ってしまうことが多いのだが、その彼がどうも何かの動物を飼っているらしい、ということが伝わってきた。子どもたちは生き物が大好きだが、病室で飼うことは許されていない。そのため、学校ではできるだけ子どもの希望に添って飼いたいものを飼っており、私など初めて赴任したときには、グラウンド脇の池から取ってきた大きなガマガエルが翌朝逃げ出し、学校中が大騒ぎになって校長先生から大目玉を食ったことがあるぐらいである。しかし病室で飼っていればさすがにわかるだろうと思うのだが、これがいくら探しても出てこない。荷物を全部どけてもわからない。とうとう大がかりになって、担任だけでなく、病棟婦長（現在は病棟師長）、担当看護婦（同看護師）、学校から生徒指導部長などが彼を取り囲んで、さあ白状しろということになった。進退きわまった彼は、ベッドの上で座り込んだまま、ぼろぼろと大粒の涙をこぼし、ベッドの下から大きな衣装ケースを引きずり出した。そこには衣服が入っているはずなのだが、それをどけると1枚、板が張ってあり、その下にはたくさんの大きなザリガニがわさわさと出てくるではないか。大がかりな捜索だったわりにことの顛末はこんな次第で、取り囲んだ大人たちはみんなで顔を見合わせ、唖然としてしまった。

　中学1年生といえばまだまだ子どもで、同年代は釣り竿を持って川っぺりを

12

走り回っている年頃である。あの、少年だけが感じることのできる、躍るような気持ち、ザリガニの赤黒くざらざらした甲羅や大きなはさみ、長いひげや触覚の1本1本が、どんなに少年の心をときめかすか、私は知っている。病気の子どもの悲しみは、それらをみな放棄しなければならないことでもある。

　中学3年生や高校生ぐらいになると問題はさらに複雑になり、男女間の性の問題や喫煙の問題などは、一般の学校と同様にある。病棟という、大人の目が離れやすい場所、夜間の時間帯などに、病気ということとは関係なしにそれらは起こる。中学生で、女子の下着を次々に盗む子がいた。女子の入浴中にこっそり忍び込んで、自分の鞄に詰め込んでいた。これらは、思春期の一時的な困った問題として処理されることもあれば、もっと大きな問題になることもある。最近は病棟がしっかり管理され、このような問題が起こることはなくなった。しかし、子どもたちが抱える心の闇は変わらずにあると思う。

命のはざまで
::

　がんセンターなどで悪性の腫瘍の治療をする子どもたちなどの場合は、また違った意味で私たちが想像もできないような悲しみや苦悩がある。こうした子どもへは訪問教育で対応していた。ある教員が病室を訪ねていくと、母親が高校生になる息子の足の爪を切ってやっていた。母親は、「この子の足の爪を切ってあげるのも、今日が最後なんです。この子、明日この足を切るんです……」。

　膝の腫瘍など、できた部位と進行の状況によっては、膝下を切断しなければならない場合もある。母親は毅然とした様子で言ったそうだが、そこに至るまでにはどれだけの涙を流し、悔しさと苦しさで悶えた日があったことであろう。そして黙ってその爪を切ってもらっている、その子の心中はどんなであったろうか。

　医師に致命的な病気について告知されたり自分で余命を悟ったりしたような場合、その多くはキューブラー・ロス (1971) の言うような「否認→怒り→取引→抑うつ→受容」といった段階をたどるのかもしれない。しかし教員が

13

接している時間や場面は限られており、子どもの反応はさまざまである。中には教師にはきちんと丁寧に対応しているが、親には暴力的だったり、ふてくされて口をきかなかったりする子もいる。また中には、病室で付き添ってくれる親御さんに対しても極めて優しく、「もっとわがままを言ってくれてもいいんですけど」と母親に言わせるような子どももいる。

　医療者の姿勢やサポート体制によっても、子どもの心の安定はずいぶんと違う。抗がん剤を投与されている高校生の女子は、頭の禿げた担当医師に「おまえ、ずいぶん薄くなったなあ」と言われて、「うん、こんなになっちゃった。でも私は抗がん剤やめれば生えてくるけど、先生はもう生えてこないもんね」などと明るく笑っている。こうしたざっくばらんに言い合える人間関係の中でこそ治療はスムーズに進むのであろう。子どものつくった川柳に、「おそろしや学校行くにも髪がない」というのがあるが、こちらはただ苦笑させられるばかりである。回転形成手術と言って、膝から切り取った足の、かかとから先の部分だけを前後逆さにして膝にくっつける手術があった。こうすると義足がうまく動きやすいのだという。それを無邪気に教師に見せてくれる生徒もいた。

　高校2年生の女子で抗がん剤のために頭髪が抜け、手術で足を引きずるようになった生徒は、地元にボーイフレンドがいたが、手紙で別れを告げた。「髪が抜けて体がこんなになっていくのをとても見せられない」と言う。年頃の子にとって、大切な人に別れを告げる気持ちはいかばかりであろう。

　足を切り取った生徒でも、スクーリングで学校へ出てくることがある。中学1年生のヒロシ（仮名）はそんな一人だった。少年のサッカーリーグで活躍し、センターフォワードをしていた。あるとき、膝の痛みを感じて病院を受診したところ、精密検査が必要と言われて大学病院を受診、ひざの腫瘍と診断され、がんセンターで手術を受けることになった。とても明るく、元気いっぱいの子であった。小さい頃から運動場を駆け回っていた。運動会の徒競走では誰にも負けたことはなかった。その足を、膝から下、切らなければならなかった。それも一刻も早く。

　手術の前、ヒロシはそれを担当の医師から聞いた。ベッドサイドで、医師

は静かに話した。この様子はその後テレビのドキュメンタリーでも放映され、私たち教員もそれを見た。「がんなの？」と聞くヒロシに、「うん、がん……じゃなくはないんだ」と言う医師にも躊躇の様子がうかがえる。周囲の誰にとっても、ぎりぎりの会話である。ヒロシには到底受け入れられることではなかったが、しかし結局、切ることを了承した。そうしなければ命が助からないからであった。

　手術後、学校でヒロシはジャンパーを頭からすっぽりかぶり、顔を見せなかった。授業中も一言も言葉を発しなかった。ただ座っていた。毎日その繰り返しだった。それでも学校へ来たのは、病室に一人寝ているよりはにぎやかな教室のほうがよかったのだろうか。周りの者は、ただ彼をそっとしておくしかなかった。

こころを開く

　大きなショックを受けて心を閉ざした子どもの中にも、学校生活を送るうち、大きく変容してくる子どももいる。高校2年生のヨシオ（仮名）は、血液系疾患の治療の後遺症で転校してきた。彼も初めて学校に来たときは帽子を目深にかぶり、決して顔を見せなかった。全身がやけどのようにただれており、手足は硬直して動かなかった。文字を書くにも鉛筆を指で挟んで腕ごと動かし、何とか書いていた。移動は車いすなので教師が押して特別教室等に行く。そのときも彼は、低い声で一言、「どーも」と言うだけであった。友達に話しかけられても、そっけなく返すだけで、会話は進まない。そんな生活が何ヶ月も続いた。それでも日々の授業や、さまざまな活動を通して、クラスには少しずつなじみ、欠席することもなく、授業中も相変わらず帽子は目深にかぶったままだったが、友達とは少しずつしゃべるようになってきていた。

　転校して1年ぐらいだったろうか、3年生になって、修学旅行の時期が来た。彼は端から「僕は行かない」と言った。病弱の特別支援学校の修学旅行は、高等部の場合は2泊程度、病状を考慮して医師や看護師を伴い、事前に

序章　病気の子どもの学校生活

現地の医療機関とも連絡を取って万一の場合は対処してもらえるようにしておくので、医療的には心配がない。高校生では学生生活最後の修学旅行となることもあり、みな楽しみにしている。だが彼は、教員のたび重なる説得にも頑として「絶対行かない」と言い張った。彼にしてみれば、移動に限らず着替えも、食事も、入浴も、ほとんど人の手を借りなければやっていけないのであるから、それは無理もないことであった。肢体不自由などで比較的幼い頃からそうした生活に慣れている子どもにとっては、人の手を借りることは当たり前のことであり、それほど抵抗のない場合もあるが、彼の場合は高校生の途中からそういう状況になり、自身の状態を受け入れるにはまだ時間が必要であった。

　そんな彼の気持ちを変化させたのは、友達の一言であった。「一緒に行こうよ、心配すんな、俺が何とかするよ」。普段は冗談ばかり言っているこの友達から、いつになく真剣なまなざしで言われた言葉に、彼の心が動いた。

　直前になって、彼は参加することになった。その間の慌ただしい経緯は忘れてしまったが、とにかく旅行中の彼は別人のようだった。人とのかかわりを極力避けていた彼だったが、このときはバスガイドさんと一緒に写真を撮ったり、京都では湯豆腐を人の分まで食べ、よくしゃべり、よく笑い、そして帽子のつばが上を向いて、顔がはっきり見えるようになった。これまで閉ざしていた心が、この旅行で一気に放たれた感じであった。

　それからの彼の変化は目を見張るばかりであった。学級の中心となって活動したばかりでなく、生徒会長に立候補して当選してしまった。そして何より驚いたのは、これまでずっとかぶり続けてきたあの帽子を、取ったのである。髪はまばらで、皮膚はかさぶたから血がにじみ、荒れて痛々しかったが、そのことを言う者は誰もいなかった。ここでは、誰もが痛みを抱え、それを抱えたまま、そこにいた。人は人によってのみ癒される、と言う。まさにその通りなのであった。

　病気の子どもの学校生活は、大方このようなものである。もちろん、地域や学校によっても、また病院との関係によってもそれぞれであろう。しかし

多くは、少数の守られた、温かい雰囲気の中で自分を取り戻し、あるいは自分の居場所を見出し、自分のできることや生きがいを見出して明るく元気になっていく。病弱教育の目標が「明るく元気に」とは不思議に思うかもしれないが、私たちはまさに、子どもたちが制約のある中でも明るく元気に毎日を送れるようにと考え支援しているのである。これから述べるのは、こうした子どもたちの心の奥底からあふれ出てきたもの、そして先の見えない暗闇の中で、必死にそれらと格闘しながら進んでいく子どもたちの姿である。

心理療法における表現活動

第1章　心理療法における表現活動

1

ユング心理学とイメージ

情動とイメージ

　病気の子どもの描画や箱庭、物語づくりといった表現活動や、それらを用いた治療的なかかわりについて述べる前に、ユングのそれらに対する考えに触れておく必要がある。なぜなら、イメージを媒体とした心理療法の多くは、ユング心理学が源になっているとも言えるからである。ユング自身もフロイトとの訣別後、ほとんど精神病のような状態に陥っていたとき、自ら絵画を描き、夢を書き留め、イメージと格闘する中で、「死と再生」を経て治癒への道をたどっていった。ユングはその際の自らの姿勢についてこう述べている。「私は情動をイメージにと変換する──つまり、情動の中にかくされていたイメージを見出す──ことができた限りにおいて、私は内的に静められ、安心させられた。もし、私がこれらのイメージを情動の中にかくされたままにしておいたら、私はそれらによって引き裂かれてしまったかもわからない。(中略) 私の実験の結果、情動の背後に存在する特定のイメージを見出すことが、治療的観点からいかに役立つかを知ることができた」(Jung, 1965)

　エレンベルガー (Ellenberger, 1970) は、このようなユングの壮絶な無意識との格闘を「創造の病」と呼んでいるが、実際にユングがこの時期に描いた絵がたくさん残されており、無意識の中に創造的な働きがあることをうかがい知ることができる。ユングの治療的態度は、こうした自らの体験的なものから出発しており、医師としてこうした無意識の創造性を活かそうとしたこと

20

が、次の言葉に端的にうかがえる。

「医師は、導き手としての自然に従わなければならない。そこで彼のすることは、治すというよりも、患者の中にある創造的な萌芽を発展させることにある」（Jung, 1966a）

こうして、ユングが行きついた無意識に対するとらえ方は、フロイトの言うような抑圧された衝動が渦巻く「個人的無意識」だけでなく、人類に共通の「普遍的無意識（集合的無意識）」があるということであった。ユングによれば、普遍的無意識は、人類が誕生以来、生存のための努力を蓄積してきた共通の知識や経験の宝庫であるとされ、そこには「元型」という人間の心の働きのもととなるものが潜んでいる。

元型は非常にわかりにくい概念だが、普遍的無意識の中にある特定の形式であり「共通した基本的な型」（河合, 1967）である。樋口（1978）の解説によれば、元型とは「古代から人間が繰り返し、繰り返し行ってきている人間の行動様式で、したがって人種や民族を超えて」おり、「元型そのものは無意識に隠れているものであり、そのものは見ることはできないが、その象徴であるイメージを通してわれわれにその存在が知られるもの」であるという。心の危機的な状況の解決にあたっては、そうした象徴やイメージを意識の中に統合することが必要だが、その統合を援助する方法の一つとして、描画や物語、造形などの表現活動がある。

ユングは、クライエントが物語の素材を象徴的に表現し始めると、心の自然治癒力が活性化すると考えた。1回限りの絵や物語や造形にそうしたテーマが現れることもあるが、クライエントが表現したものを連続して見ていくと、その働きがいっそう明らかに汲み取れることが多い。絵や物語づくりといった創造的な活動を続けていくことによって、象徴やイメージが形あるものに表現されるとき、とりわけそれがカウンセラーによって受け止められるとき、心理的な成長や前進がもたらされる。ユングは、このような普遍的無意識の働きと対応する成長過程を「個性化の過程（自己実現の過程）」と呼んだ。クライエントが自身の内的問題と向き合い、それを解決していくためには、カウンセラーの援助を受けながら、こうした継続的で、自己開発的な創造活

第1章　心理療法における表現活動

動が大きな意味を持つのである。私がかかわった子どもたちの絵画や箱庭、物語づくりにも、その背景にこのような無意識の働きが推察できる。

身体や心との対話

　ノイマン（Neumann, 1974）は、「思春期には、一般に集合的無意識の働きが強まる」が、同時に「意識による補遺的な働きも強まるため、内向的ないし創造的な性質の強い人だけが無意識の中の働きを直接知覚できる」と述べている。

　本書で取り上げた子どもたちはそのほとんどが思春期にあるが、同時に病気であるということは、健常の子ども以上に自らの身体や心と直接向き合い、対話をしているということである。またそれは、友達の死や病院内での死を契機に「生と死」を考えることであり、心は自然と内に向く状況であると思われる。ハート（Hardt, 1979）が言うように、入院生活の中では死が身近に起こるので、死について意識することが多いと言える。こうした不安や恐怖に絶えずさらされていることは、後に述べる病気の子どもの意識の水準の問題とも深くかかわっていると考えられる。

　絵や、箱庭や、物語に現れたイメージ、あるいは俳句に投影されて現れた彼らのイメージは、情動を伴って生命あるものとして自律的な動きをしている。ときに子どもたちは、「自分でも不思議なくらい、次々とお話が現れてきて心に迫ってくる」というようなことを言うが、こうしたイメージは、ユングによる元型が姿を現したものと言ってよいであろう。元型は「イメージであり、また情動である。単なるイメージだけのときは、それは単なる絵文字で、何らの結果ももたらさない。しかし情動を担うことによってイメージは、そのヌミノース（あるいは心的エネルギー）を獲得する。したがってそれは力動的となり、何らかの結果がそれから生じてくるにちがいない」（Jung, 1964）。

　人は、人生のさまざまな場面において、荘厳なものとの出会いや、大自然と一体となる感覚などを通じて、身体の奥底から揺さぶられるような深遠な

体験をすることがある。そうした宗教的とも言える体験は、オットー（2005）の言う「ヌミノース」と関連するものであろう。このような体験は、しばしば人生の転機となったり、建設的な方向へ目を向ける契機となったりする。元型からもたらされるイメージは、ときにこうした体験を病気の子どもにもたらし、それによって彼らは、迷いから抜け出したり、新たな視野が開けたりして変容していく。

　この章では、私がこれまでかかわってきた病気の子どもたちの樹木画、風景構成法、箱庭、自由画や物語づくり、そして私が開発した「俳句イメージ法」等の中から、そうした「元型的なイメージ」が特徴的に現れているものを取り上げる。樹木画や風景構成法、箱庭では、病気の子どもの身体や心にかかわる傷つきや障害の状態、危機的状況が現れていると思われるものを示す。その中のいくつかの例では、傷ついた痛々しいイメージが、カウンセリングの中で徐々に変化していった。また、物語づくりや俳句イメージ法では、主人公が危機的状況に陥ったときに、元型的なイメージである「老賢者」（人生において助言や忠告を与えて導いてくれる存在）が現れて、そこから脱出するヒントをくれたり、新たな道を示したり、未来への可能性を切り開いていったりする例を挙げる。元型的なイメージの現れ方は、このように多様であり、子どもたちの置かれた状況や環境、周囲からの働きかけによってさまざまに変化していくものであると考えられる。

　なお、本文中の図の符号は次のように表記し、同じ事例の作品には、作成順に①、②……と通し番号を付した（事例は各章にまたがって作品を掲載しているものもあるため、番号が前後している場合がある）。

図1　　　（事例1の作品）
図2－②（事例2の作品②）

2

樹木画に現れたこころの世界

内的自画像

　病気の子どもの樹木画には特徴的なものが多い。というより、これまで私が出会ってきた樹木画には、いわゆる普通の木はほとんどなかった。多くは用紙の隅っこにへばりついていたりちっぽけだったり、枝が無残に切り落とされていたり穴が空いていたりする。神経症や心身症はもちろん、発達障害がもとになっていじめられ、心にダメージを負ってきた場合なども如実な現れ方を示し、見ていて心が痛むほどである。筋ジストロフィーの子どもなどは自らの身体イメージと呼応するのであろうか、実に不思議な木を描くことがある。これらはまさに、病気の子どもの、情動の伴った元型的なイメージが現れているようである。

　精神科医の山中(2003a)は、長年の臨床経験をもとに「たった1本の木の絵」が、その人の人となりの一断面を実に鮮明に語っており、それらを治療の手がかりとすることはもちろん、患者その人に寄り添っていくことの大切さを述べている。また、医師であり心理臨床家でもある岸本(1999a)は、がんの患者と接する中で、毎日病院でにこやかに過ごし、周りの人たちにも明るく接していた人が、バウムテストで描いた絵は今にも朽ち入りそうな木であったことなどから、医療や看護の中で表面的なところだけを見て判断することを戒め、その内面を推し量って接していくことの大切さを説いている。

　私が日々子どもたちと接している中でも、そうしたことを感じる機会はた

びたびあった。ここではさまざまな心理的葛藤を抱える子どもたちの、内的な自画像とも言える数々の木について考えてみたい。なお、私は子どもに木を描いてもらうようになった初期の頃は「実のある木を1本描いてください」というバウムテストの教示を用いていたが、その表現に何か不自然さを感じ続けていたので、その後「木を1本描いてください」という、樹木画テストの教示に変更している。本書では、最初に示した2枚以降はすべてその教示である。また、解釈は主に高橋・高橋（1986）によっている。

　図1-①は中学1年生の男子（事例1）が描いたものである。一見見落としてしまいそうだが、よく見ると左下の隅に小さい木が描かれている。左下は空間象徴で言えば不安や退行、退縮等を表す。外国人の父と日本人の母との間に海外で生まれ、両親が離婚した後は5歳で母と日本に来た。小学校入学後、クローン病を発症、入退院を繰り返し、学校も休みがちになる。外部とのつながりがないまま、刺激の少ない中で、ほぼ母親との関係のみで育った。中学生になって特別支援学校に入学したが、ちぢれた髪と褐色の肌など外見は日本人と明らかに異なっており、疎外感や孤独感を強く感じていたと思われる。左下に小さくぽつんと描かれた木はまさに社会における彼の状況を表していた。教室でも彼は笑顔を見せたことがなく、人と言葉を交わすこともほとんどなく、ただ孤立していた。

　そんな彼が、転校して6ヶ月後に描いた木が図1-②である。用紙の右端、空間象徴では外界を表すところに出てきた。大きさも心なしか大きくなったようだ。この頃、彼は学校にもだいぶ慣れて、笑顔が見られるようになってきた。背も伸び始め、身体的にも存在感が出てきた。日常動作や人とのかかわりはとても

図1-①

ぎこちないのだが、少なくとも周囲とかかわろうという姿勢や、自分で何かをやろうとする姿勢が見られてきた。将来の進路に関しても、それまではかたくなにある一つのことにこだわっていたのだが、現実的に考えられるようになってきていた。よく見るとこの木には小さな実がついている。

　一方、事例1が成長し、中学3年生になって描いた木が図1−③である。外国人の父の形質を受け継いだのであろう、身体的にはぐんぐん大きくなり、身長180センチを超える勢いである。外見上は見事な青年に育ちつつあった。しかし、その彼の描いた木には、何と幹がない。木の根幹であり軸である幹が欠落しているのである。この子の場合、成長とともに医師からも、親からも病気について説明されていた。クローン病は口腔から肛門までの消化管全体に炎症や潰瘍ができる難病である。本人が認識していたのは「クローン病は内臓が腐っていく病気」ということであった。体の重要な部分が腐ってなくなっていくという感覚が、身体基軸の喪失という形で現れているように思える。これなどはまさに元型的なイメージと言えるであろうが、病気がその子の自己イメージの形成にどれだけ影響を与えているかということ

図1−②

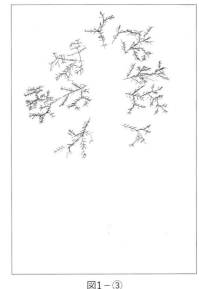

図1−③

を推測できる例である。

病気や治療の反映

　図2は高校1年生の男子（事例2）が描いたものである。幼いとき、両親が本人や兄弟を置いて行方不明となり、児童養護施設で育った。心臓病の術後だが、ほかに腎臓や膀胱にも病気がある。膀胱尿管逆流防止の手術を受けており、排尿障害で導尿を行っている。また、鎖肛で人工肛門をつけている。上部が開放している幹は山中（2003a）により「漏斗状幹上開」と名づけられたものであり、自我の境界があいまいだったり、ときに精神病のサインとして現れている場合がある。彼の場合は精神病的な兆候はまったく感じられなかったので、幹の上開は自我の守りの弱さが関係していると感じられた。また、本来閉じているべきところが開いているという点で、人工肛門の患者にもこうした例があるのを聞いたことがある。枝が途中で切られたり、継ぎ足されて先端に栓をされているようになっているのも、尿管や肛門の障害と関係しているようにも見える。これなどは病態生理を表しているとも言え、自己の身体そのもののイメージと言ってよいのではなかろうか。また、大きく元気のよい幹のわりには、樹冠が描かれていない。樹冠は、自尊心や精神生活、家族・友人などの人間関係への意識的な態度などを象徴することが多いが、育った環境がそうした面を表しているのかもしれない。この生徒は、日常生活では努めて明るくふるまっていた。しかしこの木を見て、内的な葛藤や苦しみはいかばかりであろうかと考え

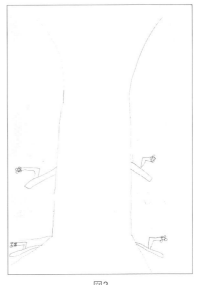

図2

させられた。

　図3は、高校2年生の男子（事例3）の作品である。彼の病気は繊維筋痛症という原因不明の病気である。身体の広範な部位に激しい痛みとこわばりが慢性的に起こり、疲労感や倦怠感、頭痛などがあるが、各種の検査でも明らかな異常は認められない。根本的な治療法は確立されていない。痛む部位は移動することもあり、またこの生徒の場合、痛みは断続的にやってくるので学校も休みがちである。彼の描いた木を見ると、何か落ち着かず、地に足がついてい

図3

ない感じである。幹にある傷跡や節穴は生理的な外傷経験などを表すとされる。無数の傷跡のような線は、痛みが体中から発しているようにも見える。地面もなく根がむき出しなのは不安定感やよりどころのない不安を表すとされるが、この絵からはじっとしていられないような感じが伝わってくる。ところどころにとげのようなものがあるが、そこからは繊維筋痛症という病気そのものがイメージとして現れているようにも感じられる。

　図4－①は、免疫系疾患の高校2年生の女子（事例4）が描いた樹木である。彼女はこの絵を描いた数日後に右大腿骨の壊死した部分の手術を控えている。若干小さな木になっているのは気分的な萎縮があるのだろうか。地面がなく、まるで木が掘り出されて地中にあった根が現れているようにも見える。手術で全身をさらけ出された自分の姿の反映でもあるのだろうか。樹冠を見ると葉も少なく、冬枯れの木を思わせる。スケッチ風のラインや陰影は、全体に荒々しさや殺伐とした感じを与え、彼女の不安や傷つきが伝わってくるようである。

　図5は右側が切断された木である。このような木は消極性・依存性の現れ

2 樹木画に現れたこころの世界

図4-①

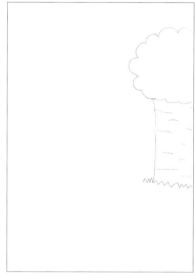

図5

でもあると言われる。いわば自分自身が半分しか見えない状況である。樹冠は人間関係や社会場面での適応、態度を表すが、ここが空白で空虚な感じである。この木は、重い心臓病の高校1年生の女子（事例5）のものである。これを描いた当時は病状が悪く、休みがちで、登校しても言葉少なであった。木は右半分が用紙の外へ出て、まさに消え入りそうな状態である。この生徒は社交的で、イラストが上手で、良いところがたくさんあるのだが、自尊感情がとても低く、会話の端々に「どうせ私だから」という言葉がしばしば聞かれた。病状が悪化すると専用の鞄に入った酸素ボンベを引きずって登校してくるのだが、そんな彼女に、何とか本来の明るさを引き出し、自分の良いところや可能性を見つめて過ごしてほしいと願いながら職員はかかわっていた。

心的葛藤と身体イメージ

図6は、高校入学後不適応状態に陥り、うつ病を発症して不登校状態になっていた高校1年生の男子（事例6）が描いた木である。高校を退学し、特

29

別支援学校に新たに入学してきてすぐに描いたものである。切り株だけが描かれているが、このような木を描くのは、「自分の力でどうにもできないと思っている心理的な外傷経験の存在を示している」(高橋・高橋, 1986)と言われる。この生徒は、感受性の強い細やかな神経の持ち主であった。両親が離婚し、母と義父の3人で暮らしていた。母や義父との間には心理的な葛藤も抱えていたようだが、こうした経緯は、彼にとっていわば「身を切られるような思い」であったのではないかと推測される。また、初めに入学した高校は彼が期待していたような音楽や運動をやる環境がなかったため、すべてに失望していた。しかし特別支援学校に来て、音楽室でピアノやギターに触れ、体育館でバレーに汗を流すようになり、笑顔も見え始める。この木には下のほうに新たに鉛筆で細い根が何本も書き足されており、大地から水や栄養を吸収しようとする態度が無意識的に現れているようにも感じられる。

　図7は筋ジストロフィーの高校1年生男子（事例7）の作品である。筋ジストロフィーは筋肉の病気で、徐々に細胞が壊れ、四肢の自由がきかなくなってくる病気であるが、自己の身体イメージを表しているのであろうか、実に

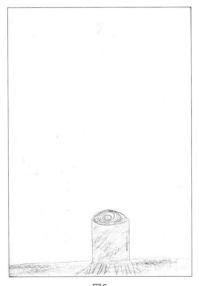
図6

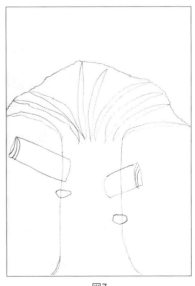
図7

不思議な形態をした木を描く子が多い。これは大きく元気のよい木だが、切り取られた枝が印象的である。通常、切り取られた枝は外界からの圧力によって自分の能力が妨げられ、外傷体験、無力感、阻害感などを表しているなどとされる。この生徒は小学校低学年までは普通に走り回っていたが、高学年で動けなくなり、中学校からは車いすで生活するようになった。まさに手足をもがれてしまったのである。樹冠は、伸びようとする枝を覆い込んでしまっているようにも見える。この生徒は特別支援学校には高等部から入学してきたが、同じ境遇の生徒に出会い、話し相手ができたことを喜んでいた。

図8も筋ジストロフィーの高校1年生男子（事例8）の作品である。不思議な生き物のようにも見えるこの木は、しかし彼の自己イメージなのであろう。右に傾いたその姿は、今にも歩き出しそうに見える。用紙の下を地面としているのは不安や不安定感、抑うつ気分を表すとされるが、この絵では根は根づかずに浮き上がっているように見える。精神生活や社会性を表すとされる樹冠は描かれておらず、手のような枝に針状の葉がついている。これらは攻撃性や行動化を表す場合もあると言われる。本人は体格もよく、本来はがっちりした身体だったが、病気が進行して電動車いすの生活となった現在、手足には力が入らず、赤子のようにやわらかく頼りなくなってしまった。この絵にはまさにそうしたあきらめや焦燥や恨めしさのこもったイメージが現れていると感じられる。

図9-①は、同じく筋ジストロフィーの小学6年生女子（事例9）の作品である。強風で葉が吹き飛ばされ、足下も不安定である。周囲からの風あたりが強く、それに必死に耐えている様子がうかがえる。実はこ

図8

第1章　心理療法における表現活動

の子は一般の小学校に在籍し、通級指導と言って、週に1回2時間ほど、学校では参加が難しい運動などを特別支援学校で行っている。小学校ではさまざまな場面で困難があったが、気丈な性格もあり、歯を食いしばってみんなと同じように生活をしていたようである。校外学習や運動会などもできるだけ周囲の友達と同じように参加した。しかし身体を上下に揺すって歩く姿や、彼女のペースに合わせてなされる活動へのいらだちなどから、友達に心ない言葉を言われたり、無言の圧力をかけられ

図9-①

たりすることもあった。この木はそうした攻撃や圧力に必死で耐える姿が如実に現れているように見える。

発達障害の樹木

　図10-①はアスペルガー症候群が基盤にあり、ほかに消化器系の疾患で特別支援学校の高等部に入学してきた高校1年生女子（事例10）の作品である。中学校の初めにいじめにあい、以後、全不登校で過ごしてきた。中学3年生のとき、特別支援学校の存在を知り、数ヶ月の個別の体験登校などを経て高等部に入学した。小さく左上に、丁寧に描いたのが印象的である。木の小ささは不安、劣等感、抑うつ、無力感、引きこもり等を表すとされ、上のほうに描くのは現実に根づかず不確実な状況、空想の中に満足を求めるとされる。特に、左上隅は強い不安や退行の反映とされ、また新しい経験を避け、空想に浸る傾向とも言われる。彼女の場合は、特別支援学校に入学するまで、自室にこもってアニメやファンタジーに没頭していたのだが、入学してすぐ

描いたこの木は、まさに彼女と現実世界との間に距離がある状況を見事に表現しているように思われた。樹幹の下の左右に枝が出ているのは幼児性の反映とされることがあるが、彼女の場合も思い通りにならないときなど、寝転んで足をバタバタさせるなど幼児のような反応が目立った。なお、彼女の場合、木の端の部分から細かく描き始めたが、それは発達障害圏の認知特性（全体が見えずに部分にこだわる）に関係していると思われた。

　図11は発達障害から統合失調症を発症した高校1年生の男子（事例11）である。宙に浮いているようであり、存在自体が不安定、不確実な様子がうかがわれる。線がはっきりせず、境界が曖昧である。高等部に入学したばかりで精神的に不安定な状況も背景にあるが、これを描いたときには病状も安定していなかった。樹冠いっぱいになる果実も異様だが、幼児的な依存欲求を表すとも、また同時に行った心理検査では極端に高い自己有能感が得られたのだが、そうした自己の誇示を示しているとも言える。指導にあたっては、そうした彼のプライドの高さや、依存欲求、不安定さを念頭に置いてかかわっていくようにした。

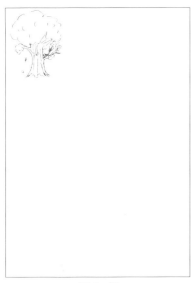

図10-①

図11

図12は喘息で軽度の知的障害を伴う高校1年生男子（事例12）の木である。何をやっても不器用でうまくいかないことが多いため、いじめにあうことも少なくなかった。左下隅に申し訳なさそうに、小さく描かれている。受動的・依存的で現実に対処できないとか、圧力を加えられているという被害感、自信のなさ、引きこもり傾向を表している。それまでの生活経験が反映されているとも言えよう。用紙の下を地面と見るのは子どもに多く見られるが、不安や不安定感、抑うつ気分を表す傾向がある。過度に長い幹と小さな樹冠、バランスの悪さは発達的な問題も関係しているであろう。また、喘息の子どもは自らを醜い存在ととらえていることが多いが、形態的な奇異さは発達的な面とともに、そのようなことも関係しているかもしれない。

図13は、発達障害を基盤に持つ統合失調症の高校1年生女子（事例13）の作品である。両親、祖父母は知的に高度な職業についており、この子の病気や障害に関して十分受容できていない。上のほうに描くのは現実に根づかず不確実な状況で、空想の中に満足を求めること等を表すと言われるが、特に右上隅に描かれた小さい木は、孤独感や見捨てられた感情を持ったり、人間関

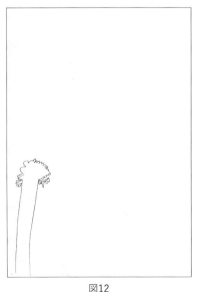

図12

図13

係を無視する自己中心的であったりすることが多いと言われる。小さいのは不安、劣等感、抑うつ、無力感、引きこもり等を表す。先のとがった枝は敵意や攻撃性、感受性のどちらかを表すことが多いと言われるが、このときの彼女は周囲への攻撃性が感じられた。親からの過度な期待を背負い、小学校高学年で統合失調症を発症した彼女に、私たちはただ、「今のあなたでいいんだよ」というメッセージを送り続けた。入学当初は興奮して目つきもきつかったが、次第にそれも柔和になり、落ち着いて学校生活を送れるようになった。

イメージの変化

　これまで述べたように、病気の子どもは自らの心理的・身体的状況の現れた特徴的な木を描く場合が多いが、カウンセリングの経過の中で心理的な問題が改善してくると、描く木もずいぶんと変化してくる。ここでは、特別支援学校での継続的な指導やサポーティブな環境の中で如実に変化していった例を挙げておきたい。なお、この事例の生徒は次節で示す風景構成法と併せて見てもらうとその変化がよりいっそう明らかとなる。

　図14−①は、喘息、高度肥満の高校3年生男子(事例14)の作品である。通常、樹木画では色を塗らないが、ここでは本人の希望で色を塗ってある。枯れ果てて葉はすべて落ち、痛々しい状況である。幹にはうろが複数あって、心理的外傷体験を感じさせる。この生徒は軽度の知的障害を伴い、周囲からのいじめなどにより不登校傾向であった。吃音もあり、自信がなく人前ではほとんど話ができなかった。身体を触られるのを極度に嫌がり、身体のバランスも極端に悪かった。

　この生徒には、その当時ちょうど肢体不自由の特別支援学校から

図14−①

動作法（動作を通して心理的問題を改善する心理療法）による指導が得意な教員が転任してきたこともあり、自立活動という障害の改善・克服を目標とする時間の中で指導が行われた。時間割を帯状とし、1年間にわたって、毎日同じ時間帯に身体的なアプローチが行われた。また日常的にも、本人の気持ちを尊重しながら、活躍する場を増やし、自信が持てるようなかかわりを積み重ねていった。

図14－②

1年後、自尊感情等の心理尺度にも大きな変化が現れていたが、高等部卒業時に描いた木は図14－②のように変化していた（ただし絵は筆者が模写したもの）。木全体が大きくなり、樹冠は豊かに広がった。大地にしっかり立っている様子が伝わってくる。その木の通り、本人も自信がつき、人前でも堂々と話ができるようになった。卒業後は職業訓練校で学び、就職して立派な社会人になっている。

ここで紹介したのはほんの一例であるが、樹木画が身体像を表すと言ったとき、病気自体が身体性と大きくかかわっているからであろうか、また生育暦や環境とも大きくかかわっているからであろうか、健常の子どもたちが描く木よりも特徴的な様相を帯びてくるのだと思われる。特に、自らの欠けたところ、障害、傷つきに関して、直接的・間接的に表しているように思える。それらは元型的なイメージに満ちていると言っても過言ではない。そして、その子の悲しみや痛みや叫びが、そこからひしひしと感じられてくるのである。私たちはそうしたものを敏感に受け止め、日々のかかわりの中で、子どもたちに寄り添っていかなければならないと考えている。

3

風景構成法に現れたこころの世界

風景構成法とは

　風景構成法は、1969年、精神科医の中井久夫によって創出された。彼は、河合隼雄の箱庭療法の講演を聞いてこの方法が直感的にひらめいたという。特に、統合失調症患者の箱庭ではしばしば周囲に柵が張り巡らされると聞いて、用紙の周囲に枠を設ける「枠づけ法」を開発した。これによってクライエントは、枠という守られた中で自由に自分の世界を表現することが容易になる。

　私はこの風景構成法を、当時担任との行き違いやさまざまな心の葛藤から不登校状態になっていた高校2年生の女子に実施したところ、驚くほど心理的な状況が現れてくることに気づき、それ以後この技法のとりこになってしまった。風景構成法は投影法の中の描画法として位置づけられるが、アセスメントとして人格特性を把握するだけでなく、心理療法として実施される場合も多い。私はもっぱらアセスメントとして、学期に1回くらい用いることが多かったが、それ自体が治療的に働いているように感じたことも少なくない。

　この技法の導入と施行を簡単に示す。

　A4の用紙と黒のサインペン、24色程度のクレヨンを用意し、「これから風景を描いてもらおうと思います。上手下手を見るのではないので、好きなように描いてください。ただし、私の言う順番で描いてほしいのです」と伝え、クライエントの前で用紙にサインペンで枠取りをする。次にサインペン

を渡し、まず川を描いてもらう。それから順次、山、田、道、家、木、人、花、動物、石と進んでいき、最後に、何か足らないもの、描き足したいと思うものがあれば加えてもらう。教示の仕方は相手や状況によって変わってくるが、基本は相手の気持ちに添って、自由に描いてもらう。クライエントから「道は1本だけですか？」とか、「動物は魚でもいいですか？」など、さまざまな質問が出ることもあるが、自由にしてもらう。描き終わったらクレヨンを渡し、色を塗ってもらう。

　こうして絵が完成したら、描き終えたことをねぎらい、描き手と一緒に眺める。決して評価は加えることなく、何か言うとしても「ネコがいるんだね」とか、「花がたくさん咲いているね」など確認する程度にする。よくわからない部分については、「この動物は何？」などと質問してもいいが、侵入的にはならないようにする。季節や時間、天候、川の流れの向きや速さ、深さ、人の動きなどは聞いておくと参考になるので、尋問のようにならないよう気をつけながら質問する。

　生徒によっては描くのを躊躇する場合もあるので、決して無理強いはしないが、大方みんな描いてくれるし、終わると「楽しかった」と言ってくれることが多い。実際、描いた絵に満足して笑顔で帰っていく生徒や、また描きたいという生徒も多い。

　このようにして、学校では学期に1回（3〜4ヶ月に1回）とか、あるいは年度初めと終わりに描いてもらう。樹木画と同様、描かれた風景には、その子のその時々の気持ちや置かれた状況が見事に映し出されていると感じられることが多い。また、これらの絵には、特に子どもの病気や障害の様相と苦痛が表現されていたり、あるいは子どもと周囲の人々との関係性などが表現されていたり、元型的なイメージが鮮明に現れているものが多いように感じられる。

心の風景

　図15−①は、免疫系の疾患で心理的にも不安定さを持ち、パニック発作を繰り返していた高校2年生の女子（事例15）の作品である。全体にやや殺風

3　風景構成法に現れたこころの世界

図15－①

景で、手前に人がぽつんと1人いるのが印象的である。中央に広がる大きな川が心の空漠を表しているようである。しかし川には橋が架けられ、向こう岸に行くことも可能である。描き終わって本人に聞いてみると、手前にいる人は、「向こう岸に行こうかどうしようか、とても迷っている」という。ちょうどこの時期、病状的にも、新たな治療を受けるのか、どうするのか選択を迫られていた。また、実生活でも重大な岐路に差しかかっていた。家庭が複雑であまり恵まれた環境にいなかった彼女は、病気を抱えながら、自らの行く末に関しても大変迷っていた。向こう岸に行くことが自分にとって良いことか、悪いことか、あるいは道が開けていくのか。ここでは道は山のはざまで見えなくなっている。これからどうなっていくのか、とても不安だったのであろう。私たちは、こうした不安な気持ちに寄り添いながらかかわっていく必要がある。

　図15－②（口絵19）は同じ生徒が数ヶ月後に描いた作品である。世界が川を境に2つに分断されている。左側の世界（空間象徴では心の内界）は真っ暗で、山深くにある黒い家は自分の家である。黒いウサギが聞き耳を立てて周りの様子をうかがっている。それに対して右側の世界（外界）は明るく、にぎやかで豊かな世界である。カラフルな屋根の家が建ち、ネコや人が走り回ってい

39

第1章　心理療法における表現活動

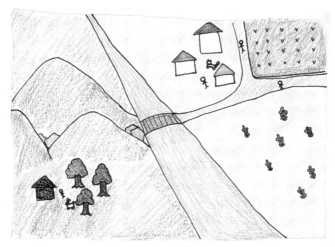

図15-②

る。そして彼女はというと、左側の黒い家の脇に立っているのが自分だそうだ。私は、この2つの分断された世界も、まさに彼女が今置かれている状況なのだと感じた。ただ、救いなのは、前回と同じく2つの世界に橋が架けられていることである。橋を渡るにはこちらの境に大岩があって行きづらそうだが、行こうと思えば橋の向こうに世界は広がっているのである。大岩は彼女の病気や家庭であり、置かれた環境の問題でもあろう。この橋を、大岩を乗り越えて渡って行けるように支援していくことが、私たちの大切な役目なのだと強く思わされた風景である。

変容の象徴

　図14-③は、前節の樹木画のところで述べた、喘息で高度肥満の高校3年生男子（事例14）が描いたものである。彼は、人前で話すことに極端に苦手意識があり、吃音もあった。体は大きいが周りからは「ノミの心臓」と言われていた。その彼の風景構成法では、右下隅をかすめるように川が描かれる。このような川しか描けないこと自体、自我の脆弱さが現れているように思われるが、その川には上流で自殺した人の「死体」が流れている。山は上部が

3　風景構成法に現れたこころの世界

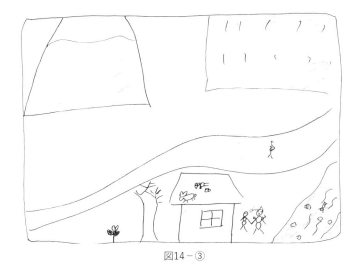

図14－③

欠けており、展望が持てない状況を表しているようだ。木は枯れ果ててまるで生気がない。家の屋根には貧弱な動物と、この家の「主人」（お父さんだと言う）が「酔っぱらって寝て」おり、この生徒の家庭の状況そのものが現れているように思われる。全体に色彩も希薄で、空虚さが漂い、エネルギーがほとんど感じられない。

　この生徒は喘息や肥満とともに身体の過敏さも併せ持っており、人に触れられたり身体を密着させたりするのを極端に嫌がった。前述したように、1年間にわたって決まった時間に動作法を30分くらい行った。また複雑な家庭状況に配慮し、彼の担任は内面的な不安や葛藤に寄り添い、心理的に支えた。1年間の継続的な支援で彼は大きく変化し、身体を触られることに拒否反応を示さなくなった。そればかりでなく人前で顔を上げて発表ができるようになり、吃音も改善されてきた。進路先を職業訓練校に決め、意欲的に生活するようになった。その当時の風景構成法が図14－④である。

　川には此岸が現れ自我の成長を感じさせる。山は頂上が見え、将来の展望が見えてきたようだ。道は頂上まで続き、人が登り始めている。木は樹冠が大きく茂り、動物は大きくエネルギーのある象の親子と、ペアになって歩く豚もいる。そして何より感動的だったのは、左隅に墓があり、そこに「○○」

図14－④

と自分の名前が書いてある（図からは削除している）。今までの自分は死んだのだ。そして木を育てる人、新しく生まれた子どもを連れて歩く象、まさに「生まれ変わり」、心理臨床の中核とも言える「死と再生」のテーマがそこにはっきりと現れていた。

　このように、深く傷つき、すさんだイメージを持っていた生徒でも、教員とのかかわりや心理療法の中で、そのイメージにははっきりと変化が現れてくる。

　図16－①は、転換性障害の高校1年生の女子（事例16）が最初に描いた作品である。心の問題によって手足が動かなくなり、口もきけない状態に陥っていた。器質的には何ら異常が発見されていないので、身体医学の方法によっては治療できないのである。絵は上方に偏り汲々とし、下方は空白が多い。山は雪と氷に覆われ、切り立っている。道や川は行き先が定かでなく、信号は赤。川には大きな岩があって流れが阻まれている。まさに彼女の心の状態を表しているようだ。人は極めて簡略化され、手がない状態である。棒人間 (stick figure) では、胴体や手足が棒で描かれているものが多く、この絵のように手や胴体がないものは比較的珍しい。手が動かないこととこのような形が関係あるのかもしれない。足は2本に分かれているが、大地に立っている

3 風景構成法に現れたこころの世界

図16-①

というよりは、ただついている感じで、記号のようである。自分の生きた身体としての、確固とした感覚が持てないのかもしれない。病気や心の問題を持つ子どもは、身体の問題が風景の中に如実に現れているように感じる。

　この生徒には週に1回カウンセリングを行い、半年後、まだ手足の動きは十分ではないが、言葉はかなり話せるようになり、日常的にも笑顔が出るようになってきていた。その頃の風景構成法が図16-②である。風景は全体に広がり、アイテムが増えて華やかになった。山は雪解けして緑になった。川はかなりスムーズに流れるようになり、きっちりと護岸がなされ守られている。道や橋はまだ他とのつながりが弱いが、全体での位置づけが出てきている。この後さらに数ヶ月して彼女は手足も言葉も不自由なく生活するようになるが、風景もそれに合わせて統合されていく。

　ところで、私の臨床経験の中で、病気の子どもの風景構成法の特徴の一つとして、棒人間が多いことが挙げられる。風景構成法を実施した高校生92例のうち、発達障害を除く64例の中で棒人間でなかったのはわずか4例であった。高橋・高橋(2010)は、人物画での棒人間は「自分の姿を表そうとしない防衛的な態度」のほか、「現実感の喪失」を意味したり、「退行した状態にある人」にも生じやすいとしている。人物画と風景構成法では、内容や実

43

第1章　心理療法における表現活動

図16－②

施機序に違いがあるので同様には考えられないが、しかし病気の子どもの棒人間の描画に関しては共通した傾向もあるのではないかと考えている。

　三上（1995）や纐纈（2014）のS-HTP（家、木、人の絵を1枚の紙に描いてもらう描画テスト）の報告でも、思春期・青年期の棒人間の出現率は高いことが明らかになっている。しかしそれでも高校生・大学生で15～29％にすぎない。風景構成法の場合は、棒人間など記号化の割合はさらに多く、弘田（1986）は、中学生の70％、高校生の37.8％としている。皆藤（1994）の健常群（19～22歳の専門学校の女性）と病理群（精神病者）を比較した研究では、人物像の記号化は、健常群が32.8％、病理群が26.7％であった。ただし、弘田の場合も皆藤の健常群も集団で実施されており、「記号化は集団法では多くなり、個別法では少なくなることが予想される」（皆藤，1994）ことを考慮する必要がある。

　本書の中で対象とした子どもの風景構成法はほとんど個別で行われており、それにもかかわらず、棒人間の出現率は90％を超えている。これは、病気や入院生活に伴う「現実感の喪失」や後に述べる「退行した状態」、さらに自己の身体に対する失意やマイナスイメージ、コンプレックスや違和感、対人関係の乏しさや困難などを反映しているのではないだろうか。

44

病状の反映

　さて、重い病気の場合、あるいは病状がよくない状態で描いた風景は、ときに精神発達面で退行していると思わせる場合がある。ワロン（Wallon, 2001）は、心理的な障害のほかにも、器質性疾患や神経系疾患も子どもの絵に影響を及ぼすと述べているが、私の経験でも、次の事例のように健康な状態に比べて明らかに変化があると思われる絵に出会ってきた。

　図17は高校1年生の女子（事例17）が描いたものである。知的な面で遅れているわけではないのだが、構成やアイテム一つ一つ、例えば動物（犬）等を見ても、高校生の女子が描いたものとしては稚拙さがうかがえる。

　この生徒は白血病で入院し、無菌室に入っていた。もともとおとなしい子ではあったが、入院中はほとんど口もきかず、笑顔も消えていた。白血病の治療では、化学療法の治療中はベッドに寝ているだけであり、活動性は著しく低くなる。副作用で吐き気やめまい、頭痛が出ることが多いので気分的には最悪の状態である。そんな中で病室に入るのは教員にとっても覚悟がいるし、心のエネルギーも使う。なかなか会話は進まないが、コミュニケーションの手段として風景構成法に誘ってみると興味を示した。無理に描かせたわ

図17

第1章　心理療法における表現活動

けではなく、実際、他の活動では「やりたくない」と言うことも多いのだが、風景構成法は「やってみたい」と言ったのである。前日から滅菌室で処理をしておいたサインペン、クレヨンを手に取り、彼女は淡々と描いていった。ただ、やはり気力に欠けたのであろうか、ペンやクレヨンを持つ力も弱く、投げやりな感じがうかがえた。風景構成法を行ったのはこの1回だけであり、退院してからは行っていないので比較はできないのだが、スクーリングで見せる快活な様子などから考えても、やはり入院中は肉体的にも精神的にもかなりダメージを受けていたのだと思われた。

　同じようなことが高校2年生の男子（事例18）でも言える。この生徒は、脳脊髄液減少症と言って、事故や運動等の衝撃がきっかけで、脳を囲んでいる脳脊髄液が漏れ出てしまい、頭痛やめまい、吐き気などが起こる病気である。症状は個人差があるが、この生徒の場合はとても重症であり、学校へもほとんど出て来られなかった。たまに出てきたときにも発作が起きると全身がけいれんし、意識がもうろうとする状態になることがしばしばあった。階下での痛みの悲鳴が2階の教室まで聞こえるほどであった。その頃に描いたのが図18-①であるが、アイテムがバラバラで統一性がない。川も立っている状態で、風景構成法を発達段階との関連で考察した高石（1996）の構成型の分類で言うと小学校中学年程度であろうか。この生徒は知的には高く、人間的にも礼儀正しく好感が持てる人物であり、それだけにこの風景は意外であった。記憶等が時々あいまいになることがあり、認知面でも障害が出る場面があったが、風景にも構成面で影響が出ているようにも感じられた。また心理的にも、そのときのまとまりのつかない、不安定な状況が反映されていることは疑いないであろう。

　この生徒はその翌年に受けた手術（この病気の唯一の治療であると言われる、自分の血液を脊椎の硬膜外腔に注入して隙間をふさぐ手術）が劇的に効いて、驚くほど回復した。学校にもかなりの頻度で出て来られるようになり、表情も明るくなっていた。そのときの風景構成法が図18-②である。風景としての構成がされ、山から川が流れてきている。ところどころ道が途切れていてまだ不安があるが、太陽が半分描かれ、希望の光が見えてきているようである。1

46

3　風景構成法に現れたこころの世界

図18−①

図18−②

年前のものと比べるとまったく変化しており、描かれているアイテムの存在の強さが伝わってくる。病状の好転が、これだけの変化をもたらしたと言えるであろう。

心の傷つき

　病気以外にも、心に深い傷を負って特別支援学校に来る子どもの絵に、その内面が映し出されることがある。図19－①は高校1年生女子（事例19）の風景構成法である。学校でいじめにあい、深く傷ついて特別支援学校へやってきた。太陽が黒く塗られているのは、まさに心の暗黒を表していると言ってよいであろう。氾濫しそうな大きな川は心の奔流を表していると受け取れる。「くまに注意」の看板、槍を手にクマ狩りに行く人々からは、攻撃性や焦燥が感じられる。山の上からゴロゴロと転げ落ちる岩も穏やかでない。しかしこれらのネガティブな表現も、第2章の事例で詳しく述べるが、心理的に安定するとともに徐々に変わっていく。

　図20－①は免疫系疾患の高校2年生女子（事例20）の作品である。病状もあまりすぐれなかったが、それ以上に、人間関係など心理的な問題で登校しづらい状況になっていた。進路に関しても考え始めなければならない時期に来ていたが、重い病気を抱え、具体的な希望も出せないまま宙ぶらりんの状態になっていた頃に描いたものである。この絵の中では、川に大きな岩がたくさん置かれ、流れが滞っていることがわかる。川は無意識的なものを表すとされるが、この生徒の中では、大きな障害によって感情の流れがせき止められていたのかもしれない。次に道に注目してみると、どれも地上とつながらず、宙ぶらりんだったり回り込んで行く手がわからなくなっている。道は目的や目標に至る過程を表すが、まさに自分がどこに進んでいくのか、目標が定まっていない状態である。中央に人が3人いるが、一番右が自分で、人に連れられてここまで来たのだという。これらは主体性のなさや、進路を選択できない状況の反映かもしれない。

　図20－②は1年後、高校3年生も終わり近くなり、人間関係も改善して登校できるようになった頃の作品である。進路も病気に配慮しながら勉強ができる大学が見つかり、目標に向けて着々と準備を続けていた。まず注目されるのが道であろう。道が地上とつながり、頂上に向かっているのがわかる。目標が見えてきたことを表していると思われる。川をさえぎるたくさんの岩

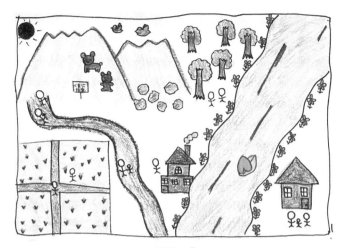

図19-①

図20-①

も数少なくなった。田んぼでは人が耕しているのだという。活動性が現れているようだ。全般的に、初めの作品と比べると、停滞していた状況から動き始めていると言ってよいのではなかろうか。このように、風景構成法ではその時点の心的状態が、作品の部分部分にも現れる。

図20-②

発達障害の風景

　発達障害を伴う場合はまた特徴的な現れ方をする。図10-②は、アスペルガー症候群の高校1年生女子（事例10）の描いた風景である。各アイテムがバラバラで、関連性が少ないように見える。人の顔がほかに比べて大きく、前面にあるのも印象的である。顔はおそらく自己像と考えられるが、自分というものの意識が強いのかもしれない。弘田（1986）の発達的変化を検討した研究では、顔の描写は幼稚園児において100％の出現率であり、幼児性や自己中心性と関係しているかもしれない。一方、動物のパンダの顔も目立つが、これはワッペンのようでもあり、あまり関係性が感じられない。高石（1996）の構成型による分類で言えば、小学校低学年ではこのようなアイテムに関連性のない絵を描くことが知られている。この生徒の知的レベルは高く、卒業後は大学に進学していくのだが、中学校3年間は全不登校で、特別支援学校に入学した高校1年生の初めは昼夜逆転の生活だった。自分の気の進まないことはやろうとせず、やらせようとすれば暴れて泣き叫ぶ姿は、だだっこの小学校低学年くらいの様相だった。とにかく1年時は学校へ来ることを目標にして、教室では床にシートを敷いてごろごろしていることもあっ

3　風景構成法に現れたこころの世界

た。当初は周囲とのかかわりを持つのはなかなか困難な面があったが、自分が前面に出ているところや、アイテムの関連性のなさもそうした状況を反映しているようにも思われた。

　図21は、同じく発達障害の中学3年生男子（事例21）の作品である。この生徒は、周囲の人や物への関心はあまり持たないが、一人で野山や田んぼや

図10－②

図21

第1章　心理療法における表現活動

川へ出かけて釣りをするのが大好きな子である。風景では山、川、田、魚など自分に関係するもの以外はすべて、羅列になっている。彼にとって、魚釣りに関係すること以外はほとんど意味を持っていないかのようである。魚は他のアイテムに比べて大きめであるし、生き生きと描かれている。事例10では自分が前面に出ているとすれば、事例21では自分の関心のある魚が前面に出ている。自分が中心であったり興味が限定されたりするアスペルガー症候群の特性がよく現れていると言ってもいいのではなかろうか。

　しかし、こうした生徒たちも特別支援学校での生活を基盤に少しずつ変化を見せる。事例10の発達障害の女子の場合、図10－③は高校2年生で実施した風景構成法であるが、バラバラだったアイテムは統合され、風景として構成されてきている。川っぺりの危ういところにある家に、花束を持って訪問してくるお客さん、それを木の陰から猿がこっそりのぞいている。それは、これまで閉ざされていた心に、新たな関係を結ぼうと訪れた来客である。この時期、登校することが定着してきた彼女に、担任は少しずつ介入を始め、学習や生活に規則性を持たせることを進めていた。また、人間関係や社会生活で独特の生きづらさを抱える彼女の苦しい内面を、少しずつ気持ちにより添うことで支えていた。彼女自身も少しずつ自分を客観的に見られるように

図10－③

3 風景構成法に現れたこころの世界

なり、いくらかの疑念を持ちながらも、何かしらの変化を求める気持ちが芽生えていた。そうした状況がこの場面によく現れているように思われる。木の陰からこっそり様子をのぞいている猿は、担任を通じて彼女を支えていた治療者である私を表しているのかもしれない。

　一方、図10－④はこの生徒が3年生の卒業間際、大学進学が決まって新たな道を踏み出そうとする頃の風景である。道は不安定に蛇行しながらも山の上のほうまでついて、どうやら目標に向かって進んでいる。だが、山の頂は見えず、別の山には大岩が置かれている。しかも自己像と思われる少女は川の流れの中にいて、足下がおぼつかない。進路が決まったというのに景色全体は決して明るくない。アスペルガー症候群の彼女にとって、大学生活という新しい環境は不安がいっぱいで、心理的にはまだまだ不安定な状況なのである。木に止まっているフクロウは知の象徴とされ、学問の世界に入っていくのにふさわしいが、同時にフクロウは夜の世界の生き物であり無意識の世界を表すとも言える。フクロウは彼女をじっと見守っているようでもあり、彼女が問いかけているようでもある。しかしいずれにしても、彼女との間に関係性が出てきたということが言えるのではなかろうか。

　ちなみに、今は大学も発達障害に関する理解が進み、この生徒も入学前に

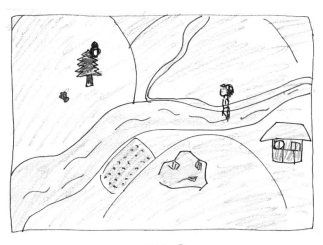

図10－④

大学関係者との支援会議を数回持った。入学してからも「担任」にあたる教員のきめ細かな配慮を受け、無事に大学生活を送っている。特別支援学校在学中に彼女は私との面接の中で、「私、あと30年くらいしたらフツーの人と同じようになれるかもしれない」と言っていた。しかし、周囲の理解と本人の努力もあって、友達や先生との関係も良好で、社会生活もかなりスムーズになってきた。進路を確かにするのももう少し早まるかもしれない。

　以上、病気の子どもの風景構成法を見てきた。そこには病気や障害を抱えて生きる子どもの置かれた状況や、傷ついた心、身体の状態が反映されている。特に重篤な病気による生命力の低下や心理的退行が認められるケースでは、元型的なイメージが現れていると思われるものがあった。樹木画が主に障害を伴う身体像を表しているとすれば、風景構成法はそれらに加えて自己を取り巻く環境や周囲との関係性、周囲への関心や態度などが現れているように感じる。これらの絵画にはある種の物語性が感じられることもあるが、そうした展開は、以下に述べる箱庭や物語づくり、俳句イメージ法においてより鮮明に見出されるように思われる。

4

箱庭に現れたこころの世界

　箱庭療法について、哲学者の中村雄二郎は河合隼雄との対談（河合・中村, 1993）の中で、「われわれのイメージを噴出させる道具として箱庭療法以上のものは考えられない」と述べている。河合は、特に心身症等の場合は「病い自身が表現」していて、「しかも体で表現しつつ、心と体はつながっていないが、そこに1つの箱庭が入ることによってつながったものになる」と述べている。私がこれまで病気の子どもと行ってきた箱庭療法の中でも、まさにイメージが「噴出」するごとく次々と現れてくるのを感じたし、またその中に、心と体の問題が箱庭表現に見事に現れていると感じた例が多くある。

　病気の子どもの箱庭に特徴的なことがあるかどうかは一概に言えないが、当初感じていたことは、病状が悪いときにはエネルギーが感じられなかったり、空白が多かったりすることであった。また人や動物がぽつんと一人でいたり、寂しそうであったりするということもある。また、経験の少なさや、庇護されたり制限されたりしている中での日常生活が現れている、といったこともあるかもしれない。元型的なイメージとの関連で言えば、病気の子どもの心と体の問題がイメージとして現れていたり、置かれた状況が物語的に示されていたりする。そして、老賢者的なものの登場が、救いをもたらしたり、本人の人生の選択にかかわっていったりする。樹木画や風景構成法に比べて、箱庭における元型的なイメージはより多様な形で現れてくる。

第1章　心理療法における表現活動

空間象徴

　図22（口絵15）は、小学生のときに脳腫瘍の手術を受け、その後療養生活を送っていた高校1年生の女子（事例22）の作品である。箱庭は右下の一角に動物の家族が置かれている。この生徒によると、「ここでみんなが楽しく暮らしているのだ」という。だが、それ以外の場所には何も置かれておらず、空虚な感じがした。

　この生徒の病状は、手術した当初は大変重篤であったため、退院後も学校にはほとんど行かず、家庭の中で最大限保護された環境で生活していた。家族のもとで温かく育てられ、本人の性格はおっとりして、穏やかである。しかし、あまりに大切に、守られた中で育ったせいであろうか、これは無理もないことであろうが、社会性や自立、経験といった面では非常に弱い部分があった。

　秋山（1994）から引用した空間象徴図式によれば、箱庭の空間としての象徴的な意味は図Aのようになる。これを彼女の箱庭に重ね合わせてみると、玩具の置かれているところは、右下の母性・家庭・感情といった面に集中していることがわかる。それ以外の、社会・感覚や倫理、直観などは空白であ

図22

56

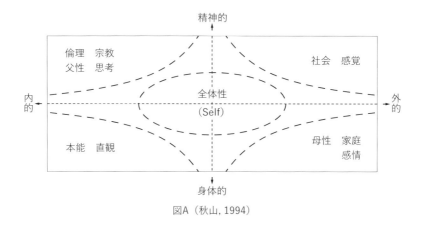

図A（秋山, 1994）

る。これは彼女の実生活の適応面ともまさに一致していた。秋山 (2005) は、このような作品について、「家庭にだけ閉じこもり社会性や精神性や、自分自身の本当の気持ちとも関係なく、ただ家の中でよい子になっている場合などによく見られる」と述べている。こうしたことからも、病気の子どもの社会性の涵養や自立について、深く考えさせられた作品である。

　同じく空間象徴の面から見ると、図23も印象的である。これは小学2年生の女子 (事例23) だが、遺伝子の突然変異によって、全身の筋肉やその周囲が骨化していくという難病の子どもの作品である。この病気は、身体の部分が徐々に骨となり、固まっていく。歩行も困難になり、支えていないと立っていられなくなる。

　この「不思議な国」と名づけられた作品は四隅に玩具が置かれているが、本人によれば、それぞれに名前がついている。左上が「戦い」、左下が「平和」、右上が「動物たちの争い」、右下は「砂漠」である。これを秋山の空間象徴図式にあてはめてみると、母性や家庭にあたる部分は「砂漠」ということになる。秋山は、この部分に玩具が置かれず寂しく感じられる場合は「家庭での生活や身近な人の愛情が得られない家庭的に孤立している人」と述べている。実は、この当時この子の母親は子どもの病気をまだ十分には受け入れられておらず、不安や葛藤が大きかった。表情も硬く、対人関係もぎこちない。

第1章　心理療法における表現活動

図23

　この子が七夕のときに短冊に書いたのは、「お母さんの笑顔が見たい」という願いごとであった。祖父母や家族を取り巻く周囲とのあつれきも抱えているようであった。しかし、作品の左下に見るように、この子は本能的には「平和」を感じているのか、願っているのか、時折見せる子どもらしい仕草や表情の中に、私たち教員は救われたような気持ちになるのであった。

病気の象徴

　図24（口絵14）は高校3年生女子（事例24）の作品である。多発性筋炎と言って、筋肉の炎症によって筋肉に力が入らなくなる病気の生徒である。高校では成績優秀で生徒会活動や部活動なども活発に行っていたが、病気を発症して入院した。順調に回復し退院したが、その後薬の副作用などで別の病気を併発。高校に復帰していたが精神的にも追い込まれ、特別支援学校に転校してきた生徒である。箱庭の題は「いろいろな渋滞」である。兵士も、鳥も、車も、動物も、虫たちもすべて渋滞して身動きがとれない。前の信号はずっと赤を指しているのだそうだ。これなどは病気の子どもの置かれた状態をよく表している。自分は前に進みたいのだが、目の前はふさがっていて、一歩

58

4 箱庭に現れたこころの世界

図24

も進めない。何もかもが滞ってうまく流れないのである。こうした病による膠着状態も元型的なイメージと言えるのではないだろうか。

　図25では、怪獣が暴れて、家や塔はなぎ倒され、車は転倒、飛行機は墜落させられ人々は踏みつぶされる。こうした戦いが延々と繰り返される。一般に、こうした破壊の場面は箱庭には珍しくない。むしろ戦いと破壊が繰り返されることによって新たなものが生み出されてくる。それは現実の何者かとの戦いであるとともに、心の中での戦いでもある。しかし、病気の子どもの場合は少し異なった側面もあるかもしれない。この生徒（事例25）は、高校1年生の男子だが、幼い頃から重度のアトピー性皮膚炎であり、体中から包帯が外れたことがない。膿みただれた皮膚はかさぶたとなり、それが裂けてまた血がにじみ出している。かゆみを通り越して熱やだるさを訴える日々である。この病気は自己免疫が関連し、増悪と軽快を繰り返す。箱庭にはこの後、正義の味方が現れ怪獣を倒し、いったんは終息したかに見えても、しばらくするとまた怪獣が暴れ出す。その繰り返しで、戦いは延々と続くのである。やり場のない怒りの表出ということもあろう。だが、暴れ狂う怪獣は体の中の病そのものを表しているとも感じられる。その意味で、これらの箱庭も元型的なイメージが現れていると言えるのではなかろうか。

59

第1章　心理療法における表現活動

図25

図26

　図26は、喘息とうつに苦しむ高校1年生女子（事例26）の箱庭である。狭い柵で囲まれた中の動物たちを、トラが襲おうとしている。湖からもカニが上がってきて、ジワジワと動物に迫ろうとしている。彼女に話を聞くと、家が狭く、自分の居場所がない。父と兄は小さいながら自分の部屋を持つが、自分は居間で母といる。おまけに父は酒を飲んで自分に暴力をふるう。母はそれを見ても、結局父の側につくのだという。「家にいると息が詰まる、違

う家に生まれたかった」と言うのである。柵の中の動物はまさに彼女自身のように思われた。喘息に心理的因子が関与していることは明らかになっているが、「息が詰まる」というのはまさに彼女の病気を象徴的に表しているようである。じわじわと襲ってくるトラやカニは家庭の状況とともに不吉な病気を表し、彼女を覆ってくる暗雲のようである。日々息が詰まるような状況で暮らしていることが、そしてこの病気自体が息苦しい状況であるということがこの箱庭からうかがえる。こうした布置も元型的なイメージの一つと言えるかもしれない。こうした作品を見ると、せめて学校にいる間だけでも、ゆったりした時間を提供してやりたいと思うのである。

身体と心の関係

　図27－③（口絵13）は第2章の事例で詳しく述べるが、転換性障害の高校2年生女子（事例27）の作品である。心理的な問題から失立失歩の状態となって身動きがとれない。思考は閉ざされ、自分がどうしたらいいのか、八方ふさがりの状態に陥っていた。そのときにつくったのがこの箱庭である。これは「海」なのだそうだが、水は干上がり、周囲は砂に囲まれている。よく見ると船は砂に乗り上げ傾いており、魚も水から揚げられ横になっている。まさに彼女と同じ、身動きのできない状態である。心と体の状態が、箱庭によって見事に表現されている。これも元型的なイメージが反映されたものと言ってよいのではないだろうか。

　図9－②は、筋ジストロフィーの小学6年生女子（事例9）の箱庭である。樹木画のところで述べた、強い風あたりに必死に耐えていた児童がつくったものである。本人の説明では、この動物たちは、普段は狭苦しく、厳しい都会の牧場にいるのだが、定期的に観光バスでこの場所へ来てリラックスするのだそうである。ここは空気が澄んで美しい森があり、ゆったりとした湖でクルージングができる。彼女にとって理想の場所なのだという。手前にはパトカーが見守り、安全が確保されている。

　前述したように、彼女は通級指導教室と言って、通常学級に籍を置き、周

第1章　心理療法における表現活動

図27-③

図9-②

囲からの強い風あたりに耐えながら、週1回、運動やカウンセリングにだけ特別支援学校に来ている。そこは彼女にとって、緊張した毎日の中でふっと息を緩められる、癒しの場であるのではなかろうか。

　ところで、彼女の箱庭には、車や、バスや、列車、飛行機など動くものが毎回登場し、たくさん使われる。特に車は大好きで、車種やデザイン、運転

席やシートの形状にも詳しい。バスなどは車両の番号があるそうで、そうした詳細なものまで調べている。車の運転はオートマチックでなく、断然マニュアルなのだそうで、自分の手足とマシンがつながっていなくてはいけないらしい。数台ある自宅の車もすべて彼女の意見でマニュアル車なのだそうだ。こうしたこだわりともとれる、動くものへの憧れは、自らが動けないことに対する補償としてもとらえられる。彼女にとっての車の存在は、自分の障害を実質的にも補ってくれる魔法の機械である。こうした憧れが箱庭にも反映していると感じる。ちなみにその憧れが嵩じて、中学2年生のときには最新式で最速の電動車いすを購入し、来校した際はレバーひとつで得意顔に走り回っている。

　図28の箱庭からは、言いようのない悲しみや、寂寞とした思いが感じられる。塔も、城も倒れて埋まり、大仏はさかさまにうずもれている。手前に埋まっているのは磔台のキリストである。これは小学6年生男子（事例28）の作品であるが、この子は専門の医療機関にも行けておらず、はっきりとした病気や障害名はわからない。小児科の医師から発達障害が基盤にあるらしいことだけは告げられている。学校にはほとんど行けておらず、家に閉じこもっていることが多い。知的には高いのだが、人との関係がほとんどとれな

図28

いのである。砂に埋もれるような気持ちで毎日を送っているのであろう。特別支援学校の児童ではなく、通級指導で数回訪れただけなので詳しく述べることはできないが、「キリストの受難」という言葉を思い起こさせる箱庭であった。

テーマとストーリー

　箱庭の中に元型的なイメージと関連する、超越者、老賢者のような役割のものが現れてくることがある。図29－⑫a（口絵18a）は、第2章で述べる事例29の作品であるが、作者が行く末の決断を迫られていたときにつくったものである。2つの分かれ道があって、動物たちはそれぞれ、右か左の道を選択して進んでいく。

　しかし、主人公でありおそらく作者の投影であろうと思われる黒猫は、分かれ道で立ち止まる。ここで、先に右にも左にも行かず中央の小高い丘の上に登っていった鳥が、黒猫に問いかける。「キミは皆と同じ道でいいのかい？」。立ち止まって思案していた黒猫は、ここできっぱりと答える。「ボクも、自分の道（山に登る第三の道）を行くよ!!」

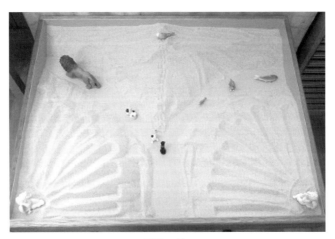

図29－⑫a

作者は中学3年生の女子であるが、発達障害傾向があり場面緘黙で不登校状態を続けていた。彼女はこのとき、まさに現実生活においても自分の進む道を決めたのであった。自らのたましいの声とも思われる声に導かれて進んでいくのであるが、詳細は第2章の事例で述べる。

上記の作品もそうであるが、箱庭にはテーマと思われるものがあり、一連の流れを見てみると、そこにはストーリーを持って現れることが多い。それらは治療過程を反映しており、箱庭をつくることによってその人の中に新しい自分の物語が生まれてくるのだと言えよう。図30－①は、小学2年生女子で社会不安障害、発達障害と診断されている児童（事例30）の作品である。彼女は小学1年生から教室に入れず、保健室登校を続け、特別支援学校に教育相談で訪れていた。当初は箱庭をつくること自体が困難であったが、箱を2つ用意し、隣で母にもつくってもらうことでようやくつくり始めた児童である。このような建物だけの、無機質な箱庭がしばらく続いたが、そこには必ず学校の校舎と病院、家、橋、墓が置かれていた。それは彼女を取り巻く世界であり、墓や橋などからは、死の世界との親和性も感じられた。

人が現れるのは数ヶ月してからである。図30－②では、女の子がさまざ

図30－①

第1章　心理療法における表現活動

まな動物に取り囲まれ、じっと見つめられている。彼女自身の内的な状態をそのまま表現したものと言っていいだろうか。この頃から、動物たちと兵士が対峙しているもの、動物と雑多な人間たちが向かい合っているものなどをつくり始める。そして街の中にも人が現れ、遊具で遊ぶ子どもなど、エネルギーがわいてくるのが感じられた。

そうした街、動物と人間の場面をひとしきり繰り返した後、彼女がつくっ

図30－②

図30－③

たのは、図30－③（口絵16）の、女の子が学校の屋上から飛び降りようとしている場面であった。周囲には人がたくさん集まっており、心配そうに見守っている。実は人々の後ろのほうには、その何回か前から登場する「幽霊の少年」が見ている。彼女によれば、ここで女の子は飛び降りて死んでしまうのだという。

　心理臨床の重要なテーマとして「死と再生」がある。先にも述べたように、子どもたちは、遊びや描画の中で繰り返し「死んでは生き返る」を繰り返し、象徴的に自分が生まれ変わっていく。人間は、象徴的には一度死ななければ新しくはなれないのである。ここでも女の子は一度みんなの前で死んでしまう。しかし、ここで興味深いのは、女の子が校舎の前に置いた「布団」である。私が彼女に、これは何かと聞いたところ、これはクッションなのだと言う。女の子は飛び降りて死んでしまうのだが、死んでも生まれ変われるようにちゃんと手立てはしている。布団はその象徴のように思われた。それはある種の救いを求める気持ちであり、死んでしまうという選択の一方で、こうした気持ちも生まれてきているのである。

　そして、次に現れたのは何と、死後の世界であった（図30－④）。ここは地

図30－④

第1章　心理療法における表現活動

図30－⑤

図30－⑥

獄で、女の子が蛇に食われている。橋を渡っている老婆、祈りをささげる女性、そんな中で、女の子は徹底的に引き裂かれる。彼女はこれらを、極めて淡々とつくっている。作品はおどろおどろしいが、現実の彼女はむしろ生き生きとこれらをつくっている風であった。

　地獄の次に彼女が向かったのは、天国であった（図30－⑤）。そこには白い花が咲き、白い鳥が舞い、天使やマリア様がいて、大仏や城、タワーまであっ

て洋の東西入り乱れているのだが、神聖で崇高なイメージのものばかりが置かれてあった。女の子はマリア様に祈りをささげている。救済を求めるイメージや、浄化、再生というイメージがそこに流れているようにも感じられた。

　最後は数ヶ月後の彼女の作品である（図30－⑥）。花や鳥が四方を囲む華やかな場で、動物たちがおしゃべりを楽しんでいる。この箱庭はまさに、生まれ変わった世界のようにも感じられた。彼女自身と言えば、この頃は教室にも入れ、放送係として校内放送でお昼の放送を担当し、さらに全校集会でみんなの前で発表できるほどになっていた。詳細は書くことができないが、人は変わるのだということを改めて強く感じた事例である。

　これら以外にも興味深い箱庭は数多いが、それらは第2章の事例で紹介することにしたい。

第1章　心理療法における表現活動

5

描画や物語づくりに現れた
こころの世界

絵が訴えるもの

　人間の一生は太陽の日の出から日没にたとえられることがあるが、人間が
亡くなっていくときにも、夕日の絵を描くことがしばしばあるという。女優の
夏目雅子さんが描いた最後の絵も、夕日の絵であったそうだ。人間の生き死に
が潮の満ち引きと関係していると言われるように、人間も自然の一部であり、
生の終焉が太陽の沈みゆく静謐な瞬間と重ね合わせられるのであろうか。

　子どもの絵を美術教育の立場から分析した浅利篤主宰の日本児童画研究会
（浅利，1998）は、病気や事故、心理的な要因が絵の中に投影され、子どもの
訴えが現れていることを多くの例から明らかにしている。それによれば、父
を亡くした子どもの絵では、太陽が隠れて後光となって現れていたり、切れ
切れの光線で表されていたりする。日没や夕焼けなど、森閑とした厳粛な雰
囲気を表すものが多い。

　また、蝶の絵には死に関連するものが多いという。ナチスのつくった収容
所テレジンには、子どもの描いたたくさんの蝶の絵が残されている。蝶は、
象徴的に「別れ」「死」などを表し、蝶を取り巻く世界に親和性のある場合、
死期の近いことを意味しているという。ギリシャ語では、蝶はプシケー（た
ましい）を表す。

　さらに浅利は、絵と病気との関連について、絵の中で紫に塗られていると
ころが何らかの疾患と関係するのだという。胸部や腎臓など、描かれた人物

70

のある部分または絵全体を身体としたときの臓器にあたる部分に紫が塗られていると、そこの部位にはしばしば疾患があるのだそうだ。紫があれば必ず疾患があるとは言えないだろうが、しかし多くの例にそういうことが現れているというのは興味深い。

　こうした研究はわが国のみならず、外国の研究者によっても行われている。スーザン・バッハは、がんや白血病など重病の子どもの絵を20年以上にわたって分析してきた研究者である。彼女は何千枚にも及ぶ絵の分析を通して、それらの中に患者である子どもの精神的・心理的状態のみならず、身体的状態までもが反映されていることを見出した (Bach, 1990)。それは、絵のところどころに自分の状況を投映しているといったこと以外にも、転移による悪性腫瘍の拡大が、絵の中で赤いマーカーで表されていたり、病気によって現れる色使いや色の組み合わせが特徴的であったり、ときには自分の死に関する「予知的な」内容であったりする。バッハの挙げているそうした例を初めて見たときには、描かれたものと事象とをあまりにも結びつけすぎているようで、正直なところ、私にとってはいささか違和感があった。特に、絵には「予知的な」意味合いがあるという部分は、絵の中の事物の数と子どもの死と関連する数字を結びつけていて、あまりにも現実離れしているように思えた。

　しかし、私が病気の子どもたちに絵を描いてもらったときにも、そうしたことを感じることが少なからずあったのである。これらは病気や障害がイメージとして現れているという点で、元型的なイメージと言うことができるのではないかと考えている。

シンクロニシティ

　病気が重い場合、または病状が悪い場合には、絵を描く機会もそう多くはない。ペンを持つ力や気力がない場合もある。しかし子どもによっては、好んで絵を描く場合もある。

　白血病で入院する小学3年生の男子 (事例31) は、私が巡回していた病院で、

小学校の教師が指導にあたっていた。とても利発な子で、絵や作文は独創性に満ちていた。そんな彼が立て続けに3枚の絵を描いた。いずれも虹の絵である。彼は3回目の入院であり、かろうじて見つけたドナーのおかげで移植手術を受けることが決まった。それを控えた入院中に描いたのがこの3枚の絵である（図31－①〜③）。

　虹は、象徴的にはこの世とあの世の架け橋の意味合いであるとされ、また境界でもある。肉親が亡くなったときなどにも、子どもの絵にはしばしば虹

図31－①

図31－②

5　描画や物語づくりに現れたこころの世界

が登場し、亡くなった人との橋渡しの役を果たす。

　バッハの白血病の子どもの例でも、虹のモチーフは多く見られる。白血病から回復した少年の描いた絵でも、生死の境目で苦闘し、骨髄移植が成功した後に虹を描いた例もある。今まさに彼もその境界にいて、その運命に身を委ねていると言えるのかもしれない。しかし、3枚目の絵である「ふしぎなおうち」(図31－③、口絵1)という題の絵をよく見ると、そこにはまさに不思議なものが描いてある。車は今、虹の中を走っているのだが、運転席には、行き先である「空、地、水」の切り替えレバーがついている。そして矢印は今、「地」を指しているのである。「空」に向かうのでなく、「水」に沈むのでもなく、今まさにこの子は「地上」を目指して必死に進んでいるのである。ここには、描き手の意志、あるいは無意識の意志とでも言うようなものが感じられる。カレンダーは8月であり、時計の針は3時を指している。車は左を向いて走っているのだが、実はバッハの研究でも、手術に向かう前や放射線治療を受けているときには事物が左(内界)を向いており、治療が奏功して戻ってくるときには右(外界)を向いているということが指摘されている。

　彼はこの絵を描いた後、3回目の手術を受け、無事にそれを乗り越えることができた。一時は難しい状態が続いたが、自らの意志によって地上に戻っ

図31－③

てきたのである。

　その頃描いた風景構成法が図31－④である。風景として統合されているとは言えないが、男の子が歩いてくる道を見ると、まるで天から地上に降りてきたようにも見える。また、その道は太陽からつながっているとも言え、太陽からエネルギーをもらって地上に降りてきたように私には見える。彼はこのとき、部屋の外で遊びたくてしかたなく、色塗りもそこそこにロビーへ飛び出していった。風景の彩色が途中なのはそのためである。それほどまでに回復したのであろうかとも思ったが、実は私にはこのとき、気になることがあった。それは、地上へ降りてきた道が、川へとつながっていることである。彩色が部分的にしかなされていないことも、ひどく中途半端な感じがした。太陽も、顔を出しているのは全体でなく一部である。

　8月のカレンダーと、3時を指す時計というのが何を表すのか、その当時、私は穏やかならぬ思いがしていた。バッハの言う内容が頭をかすめたのは事実だが、頭の中でそれを打ち消していた。その年の夏は無事に過ぎ、秋が来て、冬が来た。そのまま彼は快方に向かうように思われたし、私は異動で彼のことを聞くこともなくなった。そしてこれらの絵は私の記憶の奥にしまわ

図31－④

5　描画や物語づくりに現れたこころの世界

れたままになっていた。

　その後、私が再び彼のことを聞いたのは翌年の8月であった。それは、治療の甲斐なく亡くなったという知らせであった。最後まで病気と闘い、力尽きて、静かな死であったそうだ。時刻は、午後3時であったという……。

　これをもって「子どもの絵には予知的な意味がある」ということを言うつもりはない。ただ、これがユングの言う「シンクロニシティ（共時性）」ということであるとすれば、私たちはこの事実からどんな意味を読み取るのか、ということであろう。元型的なイメージには、ときとしてこうした不思議な一致が見出される。

描画の意味

　病気の子どもは、生活場面で明るくふるまっていても、時折はっとするような暗い絵や怖い絵を描くことがある。図32は、てんかんがある小学4年生女子（事例32）が描いた絵である。入院生活の中で、夜に夢で見た絵を切れ端に描き留めていたものを、それを聞いた担任教師が大きな用紙に改めてその

図32

子に描いてもらったものである。この子は追いかけられている夢をよく見るというが、ここではもぎ取られた腕を奇妙な生き物がしゃぶって口から血がしたたっている。こうした怖い絵は、不満や怒りの感情、心の傷やショックを絵の中へ吐き出したものであると言われる(末永, 2000)。この子どものてんかんの症状は、突然ばったり倒れるタイプのものだが、そうした病気に対する恐れや、理不尽さに対する怒りが現れているのかもしれない。また、そうした病を引き起こす悪魔の存在を感じているのかもしれない。私たちはこうした絵を子どもの心の奥からの叫びとして受け止める必要があるであろう。

　特別支援学校には身体的な病気に限らず、心理的に問題を抱えた子どもも「心の病」として在籍している場合がある。図33－①、②(口絵2)は高校2年生の女子(事例33)で、適応障害と診断されて特別支援学校に入学してきた生徒が描いた絵(いずれも筆者が模写したもの)である。ノートに数枚にわたって、このような絵がぎっしり描かれてある。友達に悪口を言われたことに端を発し、周囲への憎しみが募り、怒りが治まらず、毎日のように描き続けていた。目は吊り上がり、無口になり、険悪な空気を漂わせていた。

図33－①

図33－②

こうした絵を子どもが描いたとき、教育現場ではしばしばそれをネガティブなものとして抑え、やめさせようとする傾向が見られる。極端な場合は、なぜこのような絵ばかり描くのかと叱責したりやめるように説得しようとしたりする。しかし、生徒の内面にあるこうした憎しみや、怒りや、攻撃性を、守られた安全な中で表出していくことはとても大事なことである。この生徒の場合も、担任がしっかりと受け止め、つらい気持ちを聞いてあげることで、次第にこうした絵は描かなくなり、言動も落ち着いていった。教師自身がこうした絵の意味を知って、子どもの内面に寄り添おうとする姿勢を持つことが何より大切であろう。

内的メッセージを受け取る

アラン（Allan, 1988）は、学校での適応児と不適応児にバラの木を描いてもらい、絵画が内面の情緒的問題と関係があるかについて調べた。それによると、適応児がとても肯定的なイメージを持って絵を描く傾向があるのに対して、不適応児は否定的な、自虐的あるいは他から攻撃を受けているようなイメージで描くものが多かったということである。適応児の描くバラの木が咲き誇っており、太陽が輝き、自然の肯定的な面が常に示されているのに対して、不適応児の描く花は、みすぼらしく、自分が悲しいと感じていたり、葉に毛虫が這っていたり、切られようとしていたり、砂漠の真ん中に咲いていたりといったものだったのである。

また、興味深いのは、絵の評定者による分析に関しての報告である。この実験の手順は、対象となる子どもに、バラの木のイメージ化、描画、そして描画後の質問という3つの段階で実施された。そしてその後に、経験を積んだ複数のカウンセラーによって、描画や描画後の質問の陳述で、適応群と不適応群に分けるという、絵の評定がなされている。描画だけの場合、3人の評定者は、20人のうち16人が一致した（5％水準で有意）。描画後の陳述で分けるときは、20人のうち12人だけが一致した（5％水準で有意差なし）。描画と陳述をともに提示されたとき、20人のうち18人が一致した（1％水準で有意）。

第1章　心理療法における表現活動

　このことは、経験を積んだカウンセラーの目には、描画の提示だけで有意な
弁別力を生じ、描画と陳述を合わせればさらに有効で、信頼性を高めること
ができることを示す、というのである。このことは、教師やカウンセラーが
修練を積むことによって、絵やコメントから子どもの内的なメッセージをつ
かめる可能性のあることを示している。
　病気の子どもの絵に関しても、肯定的なイメージのものは少なく、否定的
な絵が多いと感じる。また、病状が悪いときの絵に対して、病状が好転し、
退院が近づいたときのほうが明るい絵を描くということもある。私は、後述
するように、子どもが俳句をもとに絵を描いたり物語をつくったりするとい
う活動を行ってきたが、それらがよく表れていると思われるものを次に示
す。いずれも「コスモスを離れし蝶に谷深し」（水原秋桜子）という句から自由
に想像して、絵や物語を描（書）いたものである。なお、後に私はこの俳句
からの物語づくりを心理療法へと発展させていくが、ここで紹介しているの
は、まだ私が心理臨床の世界に入る前に行っていたものであり、国語の授業
の中で生徒が書いたり描いたりしたものである。
　図34（口絵3）は喘息の中学3年生女子（事例34）の作品である。絵に伴って
書いた物語の内容は、「暗い森の中を女の子がさまよい歩いている。樹林は
深く、出られるあてもない。山は険しく、闇に包まれている。女の子は『こ
んなに暗くて、こんなにさびしくて』とくずおれそうになる」というもので
ある。
　「山は険しく、闇に包まれている」という環境設定は、自分の置かれてい
る厳しい治療状況を反映していると思われる。「出口が見当たらない」「さま
よう」「暗くてさびしい」イメージというのは、病気の子どもの絵や物語にあ
りがちである。
　図35も喘息の中学3年生女子（事例35）の作品である。物語の内容は、「友
達に仲間はずれにされた少女が足を踏み入れたところは、深い山の中だっ
た。……少女はこわいと思った。こんなに暗くて、何かが出そうで、少女
は泣きながら登って行った。少女はガクガクふるえながら、少しずつ山の奥
へ入っていった」というものである。

78

5 描画や物語づくりに現れたこころの世界

図34

図35

　この後、山が少女に何か話しかけるように思い、少女はさらに山の奥に入っていくのだが、ここでも主人公を包んでいるのは「仲間はずれ」「さびしさ」「こわさ」「暗さ」といったネガティブなイメージである。絵は黒く塗りつぶされた太陽が山を覆っている。先の女子の作品もそうだが、森や深い山奥は無意識の領域を表すイメージであり、死や闇ともつながっている。これ

らはいずれも、元型的なイメージであると言ってよいのではないだろうか。

　病気の子どもが自分に対して持つイメージは一般によくないものが多いが、特に喘息の子どもの場合、自分を醜いと思っていたり、だめな存在であると思っていたりすることが多い。発作の重症化に伴う二次的な問題から「健常児に比べ、孤独や引っ込み思案といった非社会性」が見られること等も指摘されている（木下，1977）。私が最初に喘息の子どもたちと会って驚いたのは、写真を撮ろうとすると逃げたり隠れたりする子どもが多いことであった。自尊感情が極めて低く、自分に自信を持てない子どもたちが非常に多いのである。発作を起こすたびに子どもたちは心理的なショックを受け、それに続く入院生活はネガティブな気持ちを起こさせる。いわば失敗経験を繰り返しているのである。現在は医療が進み、喘息は入院治療でなくとも、在家庭での薬での管理が容易になっているため、子どもたちの状況も変わっているかもしれないが、少なくとも私が担当した2000年代の初め頃にはそうした状況が見られた。

入院児と退院児

　腎臓疾患の子どもの場合も、入院生活が長く、生活規制も続くので心理的な重圧はとても大きく、ストレスが高いことが明らかにされている（丸他，1995）。図36（口絵4）は中学2年生女子（事例36）の、先ほどの俳句をもとにした絵だが、コスモスは滝の中で強い水の流れに耐えながら必死に咲いている。アランの、不適応児のバラの木が砂漠など悪環境に咲いているという話を思い出させる。この絵に伴う物語は、「蝶が近寄ろうとするのだが、流れが速く、なかなかうまくいかない。なんとか蝶が近づ

図36

き、羽を休めることができるが、それもつかの間、蝶はまた飛んでいってしまう。コスモスは別れにあたってさびしく花びらを散らす」という話である。自分にとって愛すべきもの、大切なものが近づいても、それとつながることができないのである。滝は象徴的には「あきらめ」を表すとも言われるが、これなどは子どもの入院生活をよく表していると感じる。

　図37は同じく腎臓疾患の中学2年生の男子（事例37）の作品である。コスモスは崖っぷちに咲いている。物語の内容は、「ここはさびしそうな山であり、強い風が吹いて、木の葉が空を舞っている。夕暮れになり、コスモスにいた季節はずれのアゲハ蝶は、まだ強い風が吹く中、谷の上に飛んでいってしまう」。これも、厳しい治療の中に置かれ、それに向かっていく苦しい心情がそのまま表れていると感じる。もちろん、子どもたち自身は物語をつくる上でそのようなことは意識していないであろう。しかし病気の子どもの作品がこのような形になっていくのは、心の奥からのそうした叫びが自然に現れてきているのだと思われる。

　次は入院生活を終えて退院が決まった子どもの作品を見てみたい。図38（口絵9）は腎臓疾患の中学2年生の男子（事例38）で、同じ俳句からイメージしたも

図37

第1章　心理療法における表現活動

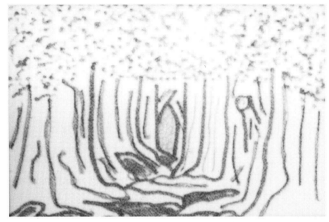
図38

のだが、明らかに色調が違っている。物語の冒頭の部分は次の通りである。

　紅、黄、オレンジ色、茶色でおおわれた、まるでステンドグラスでつくられたような木のトンネルを抜けると、そこはまぶしいばかりの日の光と大地の香り、そして谷底から聞こえるのはまるで美しいピアノの演奏のようで、また、自然の力強い迫力を訴える水の音、ふと気がつくと目の前にはコスモスの花が咲いている。

　物語はこの後、ピンク一色の鮮やかなじゅうたんのようなコスモス畑へと進んでいくのだが、そこまで読むまでもなく、この作品からは、明るく喜びに満ちた華やかさ、さわやかさが感じられる。長い闘病生活を終え、自由で楽しい世界へ出ていく心境がよく表れている。同じ病気でも、病気に苦しんでいるときと、寛解となり退院が決まったときではこれだけ大きな違いが見られるのである。絵や物語がどれだけ心理的な状況を反映しているかがわかる。
　これまで見てきたように、子どもの絵は、本来無意識的な世界を反映しているのだが、後述するように、俳句をもとにしたイメージはさらにそうした心の深い部分に響いて内面の葛藤を映し出しているように思われる。これも

5　描画や物語づくりに現れたこころの世界

後述するが、病気の子どもの意識水準は通常とは違った段階にあると思われ、そのことが、イメージをさらに死や欠落や弱さといったものを感じさせるような特徴的なものにさせていると考えられる。病気の子どもの作品が一種暗さを感じさせるとしたら、そうしたことが関係しているかもしれない。

意味を見出す

　カウンセリングの中では、描画や俳句から物語をつくっていくほかにも、さまざまな技法を活用することがある。気分的に落ち込んでいるときなど、課題を与えて描かせたりするよりも、遊びの中から無意識的な内容が現れてくることが多い。図20－③（口絵11）〜⑤は難病を抱える高校2年生女子（事例20）の作品であるが、スクリブル（ぐるぐる描き）から自由に見えてきたものを絵画化し、さらにそれらを組み合わせて物語にしたものである。絵は3枚、順に子どものライオンと蝶（紫のめがねのように見える部分）、ひまわり、カタツムリを投影した。そして、この3枚の絵を使ってつくった物語が次のものである。

　　生き方に迷っている、ひとりぼっちのライオンの子どものところに蝶が飛んでくる。2人で歩いていると、そこに巨大なひまわりが現れる。誘われて登り始めると、眼下からカタツムリの声がする。ひまわりの巨大な葉の陰に住んでいるというカタツムリは「羽の生えた変な奴で嫌われ者」「羽はあっても早くは動けず、あっという間に力を使ってしまう」というキャラクターの持ち主。でも嫌われ者のおかげで他の動物には食べられないし、「ものは考えようさ」と言う。早く動けなくても、「羽根があるかたつむりなんてかっこいいだろ？」と問われ、2人は大きくうなずく。3人で夜遅くまで語り合い、「やっぱり世界は広い」と思うライオンであった。

　ライオンの子どもは「生き方に迷って」いて「ひとりぼっち」であり、一方、ひまわりの葉の陰に住んでいるカタツムリは「羽の生えた変な奴で嫌われ者」

83

第1章　心理療法における表現活動

図20−③

図20−④

5　描画や物語づくりに現れたこころの世界

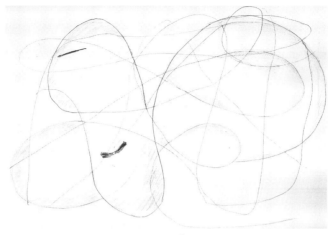

図20-⑤

で、「羽はあっても早く動けずあっという間に力を使ってしまう」のである。
　この生徒の病気は、皮膚や骨、血管、内臓などの代謝異常で、皮膚が裂けやすく、関節が脱臼しやすかったり、背骨が湾曲したりしている。疲れやすく、痛みも抱えていて、普段は車いすで移動することが多い。この登場人物はまさに自分自身の投影と言ってよいであろう。この物語に限らず、のろまであったり、不格好であったり、嫌われ者であったり、この生徒の作品にはそうした異質なものがよく登場する。だが、作品の中ではたいてい、人間を超越したものが現れ、示唆的な言葉を投げかけ、それによって主人公は大切なことを悟っていくのである。ここでも、生き方に迷っているライオンの前に、カタツムリが現れ、「ものは考えようさ」と、プラス思考の大切さを説く。この生徒自身が現状を肯定していくためには、作品づくりの中で、異質なものを認め、受け入れ肯定していくという、こうした同じテーマの繰り返しが必要なのではないかと思う。
　ところで、この中で注目されるのは、生き方に迷っているライオンに示唆的な言葉を投げかけるカタツムリの存在である。カタツムリは「羽の生えた変な奴で嫌われ者」であり、どうやら障害者のような存在だが、これまで述べてきた内容から考えて、主人公を助ける老賢者の役割を果たしており、元

型的なイメージと言えるであろう。

　以上、病気の子どもの描画と物語について、元型的なイメージの視点から
考えてきた。絵を描くという行為そのものには本来、カタルシスとしての意
味があると言われてきた。クレーマー（Kramer, 1971）は、心身障害の子ども
が絵を描く意味として、「昇華」「防衛」等を挙げている。内的な苦しみ、葛
藤を、絵を描くことによって表出することが、こうした子どもたちにとって
の昇華や防衛につながるのであろう。芸術療法の意味はまさにそこにある。
これまで見てきたように、病気の子どもの描画やそれに伴う物語の中でも、
自らが置かれた環境や心理的な状況が反映されており、それらを表現するこ
とで落ち着きや安定を取り戻すという側面は見られた。昇華や防衛としての
意味合いはむしろ当然のこととしてとらえられるであろう。
　しかしそれだけではなく、私が重視しているのは、セラピストがその子に
寄り添って話を聞いていると、そこに元型的なイメージである老賢者が現
れ、示唆的な言葉を投げかけられることによって、病気や障害のある自分を
受け入れていく契機となることがあったことである。これらは昇華や防衛の
働きとはまた違った、無意識の創造的な働きから生じてきたものとも言える
であろう。これらについては、次節でさらに具体的な例を述べることにした
い。ただ、ここで強調しておきたいのは、このような子どもたちの表現活動
を見てくると、私たちが病気の子どもや、内面にさまざまな葛藤を抱えてい
る子どもたちに相対しているとき、普段の生活では見せない、心の底からの
苦しい叫びを、どれだけ聴いてやっているだろうか、わかってやっているだ
ろうかと考えさせられる。絵や物語は、そうしたことを私たちに示してくれ
る、貴重な材料でもある。それは子どもたちのちょっとした走り書きだった
り、落書きだったりする場合もある。肝心なのは、私たちがそうしたものを
受け取る感性を持ち合わせているかどうかということではないかと思う。子
どもたちを受け止める、私たち自身の器が問題なのである。

6

俳句イメージ法に現れた
こころの世界

俳句イメージ法の創出

　病気の子どもは、日々の治療やさまざまな制限、長引く入院生活によるストレスによって、多くの不安や不満、葛藤を抱えている。ときには「葛藤する心が自暴自棄な行動や反抗的な態度を生み出すこともある」（田中, 2003）というように、それらをわがままや乱暴等のさまざまな行動化や、抑うつ、身体症状として表してくる場合もある。病弱教育においては、こうした病気に伴う心理的不安や、入院生活が及ぼす心理的影響に配慮して適切な援助を行うことが重要な課題となる。

　心理的に混乱に陥っている児童生徒にとっては、怒りや不安、抑うつのような情動を、言葉を通して外に表すことが難しい。特に作文などで「私」を主人公とした文章を書いてもらおうとすると、とたんに筆が止まってしまう。しかし、「私」によらない物語づくりの中では、自分の思いが他に託して表現されていたり、不安や葛藤が他に姿を借りて象徴的に現れていたりする。そこで、私は俳句から想像した描画や物語づくりを行い、それによって児童生徒を心理面で支援することを考えた。

　この方法は、後に私が放送大学大学院で師事した小野けい子教授によって「俳句イメージ法」と命名された。俳句イメージ法は、俳句の世界からイメージしたものを、自由に絵画化、文章化するものであり、俳句という、いわば「異界」とも言える世界で遊ぶ中で、無意識的に現れてくるイメージに着目し

第1章　心理療法における表現活動

て治療的援助を行っていくものである。俳句は「五、七、五」というわずか17音でありながら、切れ字などの働きによって奥行きのある、無限の世界を形づくっており、これが多様な解釈やイメージの広がりにつながっていく。

　俳句を「異界」ととらえることについては、小澤（2007）によっている。小澤が言うには、かつて日本人は天上、山の中、海の中、地下に別世界があると信じていた。そこには天狗や鬼や山姥や、さまざまな神々が住んでいて、人間界とは別の時間が流れている。「浦島太郎」の龍宮城や「酒呑童子」の鬼が島などの異界の神の住居には、四方に戸があって、それを開けるとそれぞれ春夏秋冬の景色が広がっている。それを1回見ると、それで人間界の1年を瞬時に見る、体験することになる。これはまるで俳句の世界ではないか、というのである。私たちが俳句に接して、その句の世界に心を飛ばし、運ばせて、しばらく現世から離れ、その世界で心を遊ばせて帰ってくると、心が癒されている、それはまさに五、七、五に組み上げた「異界」を訪ねていることなのだ。

　俳句イメージ法の進め方は、次の通りである。まず心身ともにリラックスした状況の中で俳句を提示し、「この句からイメージするものを何でもいいので頭に思い浮かべてください」と言う。俳句は1句の場合もあれば、数句を示して1つを選んでもらう場合もある。目はつぶってもつぶらなくてもいいが、情景が思い浮かばない場合は、一つ一つの語句から、それがどんな様子か聞いていくこともある。国語の授業ではいわゆる解釈が問題となるが、ここではそれは問わずに自由なイメージに任せる。イメージが動き出したらそれを絵にするか、文章が先かどちらでもよいが自由に書（描）いていく。書（描）き終わったら、内容について共感的に受け止めながら、感想や気になる点などを話し合ったり、侵襲的にならない程度に問いかけをしたりする。以上が大体の流れである。

　絵が得意でない場合は描かなくてもよいが、場合によりパソコンを使ったりコラージュのように自分の好きな絵や写真を持ってきて貼り合わせたりしてもよい。遊び的な要素が退行を促すのであろうか、この絵画化の中でイメージがさらに動き始める場合もあり、突然転換場面が思い浮かんだりする。

88

文章と絵画を併用することについては、ナウムブルグ（Naumburg, 1966）が「患者が内的体験を絵に表していくにつれて、言語表現もまた明確に、またきめ細かくなるという場合が少なくない」と言うように、それが相補的な意味合いを持っていると考えるからである。また文章と絵画では内界の別の層からの表出であるとも言え、絵画によって表現の意図が理解できる場合もある。蘭（2008）は「童話療法」を創案したが、「文（物語）は意識的なものとして象徴を、絵画は無意識的なものとして空間象徴を示す」と述べている。例えば後の事例19－⑧では、物語の中では主人公が「歩いていった」という表現だけなのだが、描かれた絵を見ると画面の右上に向かって歩いていく姿だったりする。空間象徴の観点から言えば、右側は外界であり、上方は未来である。そこから「ああ、主人公は未来に向けて外界に出て行ったのだなあ」ということを、本人の状況と重ね合わせて感じたりするのである。このように、文章と絵画を併用することで、生徒への理解やコミットメントが深まるということが言える。

　ところで、俳句を媒介とした治療法には「俳句・連句療法」があるが、それは句の創作が主であり、情景や状況をイメージとしてとらえ、それを描写して言葉で表す（徳田, 1990a）ものである。これに対して俳句イメージ法では、もとになる一片の俳句があり、その全体から受けるイメージ、構成する一つ一つの語句から触発されたイメージに焦点を当てていく。したがって治療という観点から言えば、句の選定が重要であり、その句に受け手が深くコミットするかどうかは、その人が抱える課題やそのときの状況によって決まってくる。

　このように、俳句イメージ法は俳句を媒介にして自然に浮かんでくるイメージを大切にするので、手軽でありながら、本人にとっても思いがけない内容が浮かんでくることがあり、そうした体験を重ねることで、創造や変革につながるさまざまな可能性を秘めていると考えられる。特に、学校という公教育の枠組みの中では、心理療法という形態はなじみにくい面があるが、俳句イメージ法は表現活動の一環として取り組むことができる。

　物語づくりなどの創造的活動に治療的な働きがあることは、これまで河合（1992）や山中（1999）をはじめ、さまざまなところで述べられている。また、

「治療者との深い関係がなければ、このような治癒に至る過程がなかなか生じない」(河合,1994)という。私は、それを国語の授業の中で体験的に感じ、特別支援学校の自立活動という枠組みの中で、心理療法的な取り組みとして実施してきたのである。

自身の投影

では次に、俳句イメージ法の具体的な例を示していきたい。

これまで述べたように、病気の子どもは、作品の中で自分自身を投影してくることが多い。次の2つは高校2年生の女子(事例4)の作品である。免疫系の疾患で入院中であり、右大腿骨の壊死した部分を切除する手術をした後の作品である。いずれも絵が先に描かれ、そこからさらにイメージが動いていき物語が書かれた。

図4-②(口絵5に拡大図)は、この女子生徒が「高々と蝶こゆる谷の深さかな」(原石鼎)という俳句からイメージした情景である。彼女はそこから以下の物語をつくった。

図4-②

谷の奥深くにいる1匹の蝶は、体や手足が小刻みに震えていてどこかおかしい。よく見ると右の羽がところどころ切れていて、全体的にボロボロだった。小さいころ、悪天候の中で風に吹き飛ばされ、岩にぶつかった衝撃で右の羽が切れてしまったのだった。それきりこの蝶はもう飛べないだろうとあきらめていた。だが、そこで蝶はふと思いつく。左の羽があるならまだ飛ぶことができる可能性があるのではないか。蝶は飛ぶことを決心する。……蝶は痛みが走る中、羽を動かし続ける。すると体が地面から離れ、空中に浮いた。うれしくなった蝶は痛みも忘れ、休むことも忘れて飛び続ける。気がつくと、谷も越えるような高さに至っていた。体の一部が傷ついていても、他のところで補って少しの可能性も信じていけば夢はかなうのだ。

　主人公の蝶は、まさに今の彼女自身の姿であると言ってもよい。自らの傷つきや障害が元型的なイメージとして如実に現れている。小さい頃に障害を負った蝶は、それきり飛ぶことをあきらめていた。これは、幼い頃から病気を抱えた彼女自身に重なっている。しかし、物語の中で、蝶はふと気づく。右の羽がだめでも、左の羽があるならまだ飛ぶことができるのではないか。こうした気づきと、それを言葉にすることは、単純なようでいて、実際に障害を持っている本人にとっては大変なことなのである。物語の中でこそ現れてくる言葉であり、苦しい状況に置かれながらも、その中で精いっぱい力を尽くしていこうとする強い意志であり願いでもあり、たましいから出た言葉であると言ってもよいであろう。こうした物語は彼女自身の未来をつくっていく物語である。

　図4－③は、「絶壁を蛇のぼりゆく休み休み」（岸本林立）からイメージした作品である。

　あるところに体の小さい蛇がいた。この蛇はみんなと違って生まれつき体が弱く、周りより一回り小さいところが特徴的だった。そのせいで毎日のように周りから馬鹿にされたり、仲間外れにされたりしていた。こんな

第1章　心理療法における表現活動

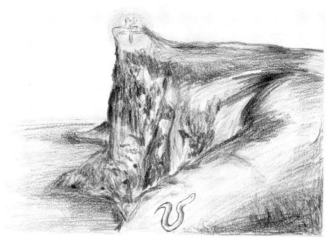

図4－③

　蛇は、あるとき、断崖絶壁の上にさいている、願いをかなえてくれるという花のことをうわさで聞く。蛇はそこに行くことを決心するが、いざその絶壁を目の前にして、想像以上にとてつもなく険しいことに驚く。いったんあきらめようと思った蛇だが、何とか大きく強くなりたいという願いをかなえたいと、苦労して登っていく。体の小さい蛇には大変な苦労だったが、何日もかけて絶壁を登り切った蛇は、花に願いをかなえてもらい、大きくたくましい蛇に変身したのであった。

　この話も、彼女のこれまでの人生をそのまま感じさせるものである。周囲からの疎外感を持ち続けながら、しかし、蛇は最後まで希望を失わなかった。何日もかかって「願いをかなえてくれる花」のところに行き着くのである。そしてそのことによって体も心も強くなることができた。変身願望の充足と言えばそれまでだが、病気の子どもの場合、そこに自己の運命との対峙とも言える切実さがある。花の存在が彼女に希望を与え、勇気をもたらしている。
　これらの話に共通するのは、体が弱かったり小さかったり、傷ついていたりして、周囲との違和感を抱いている主人公である。そしてそれは、幼い頃から病気に苦しみ、傷ついてきた自分自身なのであろう。作品づくりの中で

92

6 俳句イメージ法に現れたこころの世界

その痛みは形を変えて表現され、物語の中で新たな道が生まれてきて、希望へと変わっていくのである。

生と死、病気

病気の子どもの作品には、「生と死」や「健康と病気」にかかわるテーマがよく現れてくる。図39－①（口絵6）は、喘息と摂食障害の高校1年生の女子（事例39）が、尾崎放哉の「咳をしても一人」からつくった作品である。

　とても健康で何でも一人でできる若者がいた。何事も人に頼らず成し遂げてきた。ただ、人に何かしてあげるという優しさがないのが欠点だった。そんな性格なので誰にも慕われなかったが、ただ一人母親だけは彼に愛情を注いでくれていた。……そんな中、母親が急死する。彼は病気にかかり、咳が出て喀血する。一人だけの家に自分の咳音が響いていた。彼は思い返すと自分が元気でいられたのは、いつも母親が体に良い食べ物を与えてくれていたことに気づく。そんなことには何も気づかず迷惑をかけどおしだったことを後悔する。自分は何でも一人でできると思っていたが間

図39－①

違いだったと後悔し、心の中で母に詫びる。

　絵は、山の奥深く、一人うずくまる若者の姿が描かれる。胸に流れ地面にしたたるのは喀血だろうか。深い孤独と闇の中であらわになったこの生徒の傷つきそのものであるとも言えよう。
　この作品には食べ物や母親など摂食障害特有の課題が象徴的に現れていると感じるが、同時に、健康で完璧と思い込んでいた人の中にも病が潜んでいることを示している。しかもそれは心と体にまたがる病である。後に述べるグッゲンビュール・クレイグ（Guggenbühl-Craig, 1980）は、人間は誰しも障害を抱えていると言ったが、自らの障害性に気づかせるというのは元型的なイメージの働きと言えるかもしれない。
　グッゲンビュール・クレイグはまた、病気や障害に関係する「障害者元型」という概念を想定しているのだが、それらが現れるとき「死」や「あの世」と直結したイメージであることを思わせる作品がある。図39-②（口絵7）は、同じ生徒が種田山頭火の「歩きつづける彼岸花咲きつづける」をもとにつくったものである。

図39-②

6 俳句イメージ法に現れたこころの世界

　「私」は病気で入院していて、同室のおばあちゃんから夢を聞く。彼岸
花が一面に咲く中を歩いていくと川が見え、たくさんの人が手招きをして
自分を呼んでいるが、その中で亡くなった母だけがこっちへ来るなと叫ん
でいた、というものだ。おばあちゃんは、そこは死の世界とつながってい
るので、決して渡ってはいけないと私に話す。ある日、「私」は夢を見る。
彼岸花が一筋の道のようにまっすぐ咲く道を歩いていくと、川が見えた。
そこを、おばあちゃんが渡っていた。私はひたすら「いかないで」と叫ぶ。
目が覚めると、おばあちゃんは亡くなっていた。私があそこで引きとめて
いれば……。

　絵は、死人花と言われる彼岸花の咲き乱れる中、少女が手を広げてこちら
に訴えかけているようである。こちらは川であり、水の世界である。水は無
意識の世界であり、死の世界でもある。死の世界に向かっての叫び、訴えも
病気の子どもの絵や物語に多く現れるテーマである。彼女が訴えかけている
もの、それは生と死を含む、人間の存在そのものへの疑問や怒りや悲しみで
はないだろうか。この生徒は食べることと吐くことを繰り返し、夜中には暗
闇で冷蔵庫をあさって、地獄のような日々を送っていた。まさに生と死の世
界を行き来するようなものであろう。この生徒はイメージの世界の中で、お
ばあちゃんによって死の世界を体験することになる。

死と再生

　こうした例でもわかるように、俳句イメージ法で表現されたものには、そ
れぞれテーマと感じられるものがある。それらは1回の作品で感じられるも
のもあるが、複数の作品を見ていくとシリーズとして受け取れるものもあ
る。その中で最も多いテーマは「死と再生」である。ハート（Hardt, 1979）に
よれば、入院生活では死が身近に起こることから、死について意識すること
が多いという。病気の児童生徒にとって、死は同年代の健常の者よりも身近
であり、ときには同室の友達が亡くなる場合もある。

95

第1章　心理療法における表現活動

　重い腎臓疾患で入院する中学2年生の男子（事例40）は、医師の告知をきっかけとして暴言や乱暴が目立ち始め、行動化が著しかった。ちょうど病院内で2人の女子が亡くなったときであり、その死と重ね合わせて自分の行く末を案じていたと思われる。彼が「コスモスを離れし蝶に谷深し」（水原秋桜子）からイメージしたのは次の作品（図40）である。

　　ひどい病気に冒されている「私」が、近くの病院に通いながら険しい山を登っている。あるとき、山奥に入っていくと、言葉に表せないほど美しい秋桜と、季節はずれのアゲハ蝶に出会う。「私」は時間を忘れて見入ってしまうが、秋桜に近づくと、その先は底の見えないほどの暗く深い谷であった。気がつくと夕暮れになり、蝶は谷の奥深く消え、息絶えて谷の底へ落ちてしまう。……だが、しばらくすると蝶は群れをなし、天使となって現れる。「私」はそれに向かい、天へ舞い上がるような気持ちでそっと手をかざした。

　ここでは場面ごとにパソコンで絵を描きながら進めていったので、物語づくりは5回にわたった。図40は5枚の絵のうち4枚目の作品である。蝶が谷へ落ちて死んでしまったところで手が止まり、どのように先をおさめるか頭を抱えていた。目をつぶり、考え込み、書(描)いたり消したりを繰り返しながら時間が流れる中で、突然「そうだ、天使になったんだ、天使に」と叫んだのであった。それは自然に浮かんできたイメージだと言うが、そのとき何とも言えぬ安堵の表情が浮かび、彼の中に転換が訪れたようであった。こうした、イメージの中での「死」が「再生」へとつながるとき、

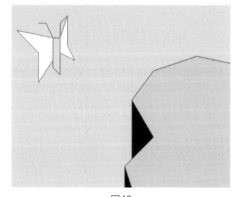

図40

96

6　俳句イメージ法に現れたこころの世界

劇的な変化の前触れとして受け取られる（河合，1967）という。物語づくりは約2週間にわたったが、この表現を境にして、行動化は消えていった。

同じく腎臓疾患で病状が悪化し、ステロイド剤の副作用による容姿の変貌も重なり抑うつ状態に陥っていた中学2年生の女子（事例41）は、「コスモスを離れし蝶に谷深し」の句から次のような作品（図41）をつくった（作品はコラージュ、筆者との合作）。

　「少女」は一人になりたいときや嫌なとき、この場所に来る。あたりは夕日に染まり、目を閉じると暗闇の世界が果てしなく広がっていた。ふと気づくと目の前の秋桜に蝶がとまっていて「私と同じひとりぼっち」と共感する。突然強い風が吹き、蝶は流されるように真っ暗な谷の底へ消えていく。少女は絶望の淵に追いやられる。……どれぐらいの時間が過ぎただろう、何かが舞い降りてきて少女の肩にふれた。それは秋桜の花びらだった。花びらは少女を励ましてくれるようで、それに支えられて少女は元気を取り戻す。

物語づくりは4回、ちょうど蝶が谷底へ消えていったところで病状が悪化して登校できなくなり、病臥状態となった。私は病室の窓越しから見守るしかなかった。しかしその間、彼女は自分で続きを書き、3日後の登校を許された日の早朝、「先生、できました」と言って職員室に飛び込んできた。ベッドにいる間、この続きを考えていたのだという。彼女の表情は別人のように光り輝き、青白かった顔は上気していた。これは、イ

図41

メージによる体験が病状にもよい影響をもたらしたのではないかと考えられる例である。

「死と再生」は「生まれ変わり」や「融合」という形でも現れてくる。循環器系疾患の高校2年生の女子（事例15）は、病状が沈滞し、家庭の問題も相まって抑うつ状態に陥っていた。彼女が「ちる花の海に沈んで貝となる」（松野自得）からイメージした作品（図15-③、口絵10）は次のものである。

　余命1年の「私」。夢も希望もなく、唯一好きなのは湖の畔の桜にくること。ある日、そこで桜の精霊である少年「我桜」に出会う。2人は恋に落ちるが、それも束の間、「私」の病は悪化し、死が迫ってくる。我桜は苦しむ「私」を励ましながら湖に消えていく。……目をさますと、病はウソのように完治している。桜の所に行ってみると、木はすっかり枯れてしまっていた。我桜は消えてしまったが、「私」の中で生きている。これからも、自分の中の我桜と一緒に生きていく。

一見、少女マンガに出てきそうなストーリーではあるが、それとの違いは、彼女の中に自己の病気との共生という、真実があるからである。この物語づ

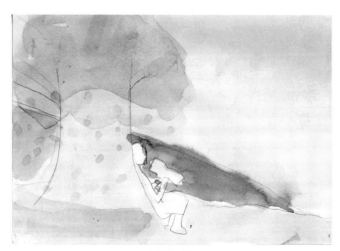

図15-③

くりは1回限りであったが、これを境に彼女に笑顔が増え、抑うつは改善される。彼女の中では物語づくりはまぎれもない一つの「体験」であり、体験化によってイメージが治癒的に働いていると言える。ここで登場する桜の木の存在は、世界の神話に現れてくる「生命の樹」を思わせるものだが、これも元型的なイメージと深くかかわっていると言えるであろう。

　「生まれ変わり」は、「前世と現世」という形で表現されることもある。病気や障害のある子どもは、自分の身の上について考えるとき、しばしば自分の前世に思いをはせることがある。図20 −⑥は免疫系疾患の高校2年生の女子（事例20）が、同じく「ちる花の海に沈んで貝となる」からイメージした作品である。

　　主人公の桜貝くんは、自分の前世が桜と聞かされ、愕然とする。しかしいくら思い出そうとしても桜貝としての姿しか思い出せない。そこで、半信半疑のまま「前世の記憶がある」という桜貝さんに会いに行く。行き交う魚や貝たちとあいさつを交わしながら海の中を進むと桜貝さんの住む

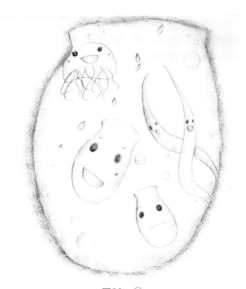

図20 −⑥

海草畑についた。そこで思い切って前世のことを聞くと、桜貝さんはこう言った。「僕は、桜だった。君も、桜だったはずだよ」。桜貝は散った花びらの海での姿なのだという。いつ家族や周囲と離れ離れになるかわからない花びらの怖さを語る桜貝さん。しんみりする2人。……それでも桜貝さんは、にっこり笑って「海も陸も好きだ」と言う。帰り道、オレンジ色に光る桜を見上げながら、桜貝くんの心は晴れ晴れとしていた。

この生徒の病気は重く、完治は難しい。陸で美しく咲いていた桜の花、それは健康で高らかに生きていた前世の自分、過去の自分とも受け取れる……。しかしここには「過去の自分」と「今の自分」、すべて認めて受け止めていこうとする姿が見られる。病気の子どもの無意識は、時間軸を超えて、自己の存在の確かさを求めに行くのである。この生徒の場合は連作で同様のテーマを表現している。図20-⑦は「コスモスを離れし蝶に谷深し」からのイメージである。

谷の底は見えない、底があるのかさえわからない恐怖の「闇の谷」。そ

図20-⑦

の闇の谷に、蝶である「僕」は落ちていった。辺りは一面の闇。風が冷たく体を裂く。どうやらそこは谷の底であるらしかった……。絶望にくれる中、そこに年取ったカタツムリが現れる。わけを話すと、「ゆっくり休みなされ」と言って、この場所もなかなか良いところだと教えてくれる。「見てごらんなさい」という言葉に促されて見上げると、空から一条の光がさしている。その先には真っ蒼な青空。「ああ、いいんだ、知らなければ知ればいい。怖いのなら叫べばいい。闇の谷にだって、明日も日がさすのだから」。少し休んだら、また僕はもう一度飛べる。

　蝶の「僕」が谷底で呻吟する姿は、あたかも難病で苦しむ彼女自身を思わせる。しかしながら、なおかつそこでの存在の意味を見出そうとし、現在の自分を受け止め認めていこうというテーマが見受けられる。この作品の中で、転回点で主人公に示唆を与える老カタツムリの存在は老賢者としての元型的なイメージであると考えられる。この老カタツムリの「ゆっくり休みなされ」という言葉は、ユングが『元型論』(ユング, 1999)の中で、しばしば熟慮させる老人の言葉として「ゆっくり眠りなさい」という勧めとして表されると述べていることと符合するのは興味深い。俳句イメージ法の中ではこうしたイメージがしばしば現れてくる。

　シリーズという意味では、彼女の最後の作品(図20 − ⑧、口絵12)は、卒業前の「コスモスを……」からのイメージ(2回目)であり、終結にふさわしいものであった。

　　元気のないコスモスに訳をたずねると「土が悪くなったから」という。その原因を探るため、蝶は谷の底へ降りていく。蟻、もぐら、クマの順に出会い、クマが訳を知っているらしい。クマが案内していった先では、谷の底の動物たちがせっせと食物を集めており、そのために谷の上の栄養が足りなくなってしまったのだった。蝶の提案で、みんなで協力して食物を集め谷の上に向かう。これで谷の上も、谷の底も、みんなが安心して暮らせるようになった。

図20-⑧

　前作で谷底に落ちていった蝶は、ここでは自ら谷の底へ降りていっている。そしてそこから食物を地上へ運んでくるのである。意識、無意識の疎通がよくなり、エネルギーの供給がなされている。このように、シリーズとして見たときに、そこに大きな変化が現れてきており、彼女の変容と、心的エネルギーの満ちてきているのを感じる。この後、彼女は自らの病気への配慮事項を記した自己紹介のビラを携えて、大学へと巣立っていった。

自分の物語をつくる

　俳句イメージ法を実施した後の感想を聞くと、「自分の思ってもみなかったことが次々と浮かんでくる」と述べる生徒が少なくない。これはまさにイメージの自律性と言ってよい。俳句を味わうこと、俳句という「異界」に遊ぶこと自体が意識の退行を促し、さまざまなイメージを呼び込む。その中には先ほどの例で谷底に現れたカタツムリのように、元型的なイメージとして、心の深い層から生み出されるものもある。河合（1976）は地界への下降の中で、無意識の世界における動物の援助の重要性について述べているが、谷底に下りていった際に出会った案内役となるクマの果たした役割、また第

2章の事例でもカエルや不思議な生き物が現れて主人公を導いていくのであるが、これらは意識と無意識をつなぐものとも言え、示唆的である。

このように、俳句の世界に入ることは、自我のコントロールを緩め、深い世界に入ることである。これは俳句の持つ力と言ってもよい。たとえクライエントの解釈が句から離れていたとしても、優れた俳句であれば、深い部分のイメージとかかわっているように感じるのである。この場合、定型・自由律にかかわらず、俳句の形式は一つの「枠」であるとも言える。その枠の中でひととき遊び、創造性を発揮することで、治癒的な力が働くのである。

こうして生じたイメージは、物語として文章化したり絵画化したりする中で、自我がその意味を受け取ることができる。生徒が作品を書き終えた後、「とてもすっきりする」と言うことがあるが、それは自己の内面をぴったりした形で表現できたということであろう。それははっきりと意識することはできなくても、事後の話し合いなどを通して自らが洞察を深める機会となる。

こうした意味でも、初めに述べたようにどのような句を提示するか、「選句」は非常に重要である。選定にあたっては、基本的には、イメージが動き出すようなものがよい。私は、初回には「コスモスを離れし蝶に谷深し」を共通に提示しているが、この句の場合、「蝶」は動きがあり、ギリシャ語のプシケー（たましい）というごとく漂い、「谷深し」は深い次元に開かれている感じがある。また、「コスモス」や「離れし」も含め、一語一語が多義的で宇宙的な広がりや象徴性を有している。こうした句の特性をまず押さえておく必要がある。そして、それらに加えて何より重要なのは、その人に合った、その人の内的世界にぴったりくるような句でなければならないことである。いわば「句の処方」であり、実際アメリカの詩歌療法では、治療として詩が患者に「処方」されることが多い（田村, 2000）。そのためには、その人との関係性が大切であり、その時点での心理的テーマをある程度把握している必要がある。

例えば、自らが心理的課題に向き合う契機となるような句を提示すること、自らの生き方や課題に直接関係するようなテーマを持つ句を提示すること、そして共に歩む姿勢を保ちつつ、終わりを意識した句を提示すること、

第1章　心理療法における表現活動

それらはクライエントの心の動きを注意深く読み取りながら、関係性の中で選定されていく。下山（1990）はTAT（主題統覚検査）からの物語づくりの中で、物語る（relate）という行為自体に関係（relation）をつないでいく（relate）側面があると述べている。俳句イメージ法では、俳句の提示の時点からのテーマの共有、作成過程では見守りが中心で間接的なかかわりではあるものの、制作後は生徒が語り、こちらが聴く、感想を述べるという、いわば共同作業によって成り立っている。その意味で選句は関係をつなぐ前提であり枠組みの設定であるとも言える。俳句を提示する時点では、治療者とクライエントのイメージは必ずしも一致してはいない。だが、俳句イメージ法では生まれてくるイメージやその意味を一緒に見ていこうとすることに意義がある。その自由で守られた空間でこそイメージは活性化し、そのイメージに焦点を当てて話し合っていくことで、自分の中に生まれた新しい何かに気づいていけるのである。

　物語づくりを進めるにあたって留意しなければならないことは、作品としての完成度を求めすぎないことであろう。ヒルマン（Hillman, 1985）は、ストーリー性や結末を重視することはハッピーエンドを待望するような自我の立場にこだわることになると指摘する。物語性や技術的な面を追求しすぎれば無意識の働きが抑制され、自己治癒力の働きは薄れるであろう。私は教示の際、物語の構成は気にせず、必ずしもハッピーエンドでなくてもいいと言っている。自分で「これでよい」というおさまりがつくことが大事であり、それが自分の物語を創造していくことなのである。

　以上述べてきたように、俳句イメージ法は治療者との関係性を基盤として、俳句から触発されたイメージを心の動きにまかせて文章化、絵画化することによって、それが自己のたましいの自然な発露となり、自己治癒力の活性化を図ることができる。河合（1993）は「語る」というのは、意識のみならず、その人の心の無意識で働いているものを表現する行為であると言う。生徒たちは俳句を媒介にして「語る」ことで、新しい意味や世界観を持った、自分自身の人生の物語をつくり上げていくと言える。

104

7

病気の子どもの無意識的身体心像と
意識の水準

無意識的身体心像

　これまで見てきたように、絵画や物語づくりはそれ自体が治療的な意味を
持つのであるが、それらが子どもの世界を理解する上でおおいに役立つこと
は明らかであろう。こうした作品から、心理的な側面だけでなく、身体的側
面や、病理的側面の理解が深まることも多い。

　身体的な側面の理解という点では、次のような例がある。美術教師であっ
た香川勇は、右と左に真二つに分かれた、天国と地獄を表した樹木を描いた
中学2年生の女子の絵を見て、その異様な感じに驚く。そして、その子の右
足が成長異常で治療中であって矯正靴をはいていることに気づき、希望と絶
望の谷間で苦悩する彼女の心の世界に思いが至る。こうしたことから、香川
は絵を漠然と見ていたのでは気づかないが、ちょっと視点を変えただけで、
子どもの心の風景が見えてくることを述べている (香川・長谷川, 1997)。

　また、医療的な面から、作品が患者を理解したり治療の助けになったりす
ることもある。本章の2や5でも触れたように、病気の子どもの絵画や物語
の中には、疾患の身体的なイメージが無意識的に現れることがある。山中
(1984b) はこれを「無意識的身体心像」と呼んだ。山中はがんや心身症等、身
体疾患の患者の夢や絵画、語りの中に、その疾患の身体的側面のイメージが
現れることをいくつかの例をもとに述べている。例えば、肺がんの患者 (当
人にはがんであることは知らされていなかった) から、「雁が異常発生して大陸移動

105

していく話」を聞いて心を動かされ、検査をしてみると肺がんの脳転移が発見されたという話がある。これは雁（がん）の大陸移動のイメージが、癌（がん）の転移のイメージに重なっている。ほかにも、患者の「船のスクリューにコンブやワカメが引っ掛かり、土の中に埋めると毒ガスが発生している」という話が、咳や痰が絡まり肺の悪化が著しいという状況と重なっていたり、「シベリア上空の雲がアラスカの砂漠の方に引っ張られる」という話が、内臓が片方へ引っ張られているという身体状況と符合していたりするという例が挙げられている。

　私自身の例で言えば、あるとき、がんの女子生徒に「夏草に汽缶車（機関車）の車輪来て止まる」という山口誓子の句から絵を描いてもらったことがあった。その絵は、線路から大きく外れて進路を逸脱した機関車の車輪が、草原を蹂躙して中央にでんと止まった瞬間を描いており、画面を圧倒するものであった。医師の話では、ちょうどその頃、生徒のがんは患部から身体に圧倒的な勢いで転移しているときであった。先に書いたことから考えてみると、これは山中の言う無意識的身体心像であり、彼女は自らの身体の中で起こっていることを、心の深い部分で察知していたのだと思われる。死に近いところにいた彼女の意識は、日常とは別の次元にあったのであろう。私自身、その当時は生徒の絵にそうした意味合いが含まれているとは考えもしなかったが、病気の子どもと接するとき、私たちはそうしたことにまで思いを致しながらかかわっていく必要があると感じる。

　小児科の医師から精神科へ転じた待鳥（1996）も、その経験から子どもの風景構成法に身体的側面が現れることを指摘し、それが患者の心的、身体的状況を受け止める助けとなると述べている。例えば喘息患者では川の中に石が置かれ、川の流れをせき止めているような風景を描くことがある。これは、気管支喘息が、気管支が収縮しているところへ粘った痰がふさいで呼吸困難になることを表しているのではないかという。また喘息発作の生じる機序の本体は炎症であることから、火山の噴火が描かれることが多いとも述べている。一方、宮木（1998）の喘息児の風景構成法の報告では、川の中の石だけでなく、道が複雑に分岐して、途切れたり車が詰まったりしているなど、流

れが妨げられていて、まるで喘息児の気道の状況を表しているようであるという。これらは私が喘息児とのかかわりの中で出会った風景構成法でも同じように言えることである。こうした観点で言えば、私が樹木画や風景構成法において元型的なイメージが現れていると述べたのは、無意識的身体心像の一面であるとも言えよう。

意識の水準

　岸本（1999a）は、こうした無意識的身体心像が生じてくる背景には、病気という非日常的状況がもたらす意識水準の変化があるのではないかと推察している。岸本は、自身の白血病をはじめとするさまざまな悪性腫瘍患者の治療経験から、例えばある女性の、抗がん剤治療と腫瘍切除手術の後に描いた絵が、終戦後の焼け野原の風景であり、これが抗がん剤で腫瘍を焼き、摘出手術で損傷を受けた腹部のイメージに重なっているのではないかという。また、再発の治療中に描かれた、タンポポの種が飛散する絵が、その後骨髄を含む全身に転移する状況に重なっているという。そしてこうした人たちは、心の深いところで自身の身体で起こっている出来事を察知しているのではないか、つまりがん患者の意識は日常的な水準にとどまらず、さまざまな水準の現実を体験しているというのだ。

　こうしたことから考えると、私の言う病気の子どもに特徴的な元型的なイメージが現われやすい要因として、意識水準の一時的低下が関係していると言ってよいのではなかろうか。岸本（1999b）は、白血病やがんが災害、戦争などに匹敵する心的外傷ではないかとも述べているが、心理的により敏感で柔軟な思春期前後の子どもにとって、がんなどに限らずさまざまな病気は心的外傷にあたると考えられる。私がこれまで担当した子どもの中にも、腎臓病で突然入院させられた中学2年生の女子が、顔面蒼白になってその後3ヶ月まったく口を開かなかった例や、腫瘍で足を切断した中学1年生の男子が心神喪失状態となった例など、数え上げればきりがない。こうした心に受けた傷の深さについて、岸本は「病態水準」という視点から考察し、特にがん

第1章　心理療法における表現活動

患者などの場合は感覚が異常に鋭敏となり、精神病レベルの深さを体験している可能性さえあると述べている。

　岸本は、こうしたことを考慮しながら、悪性腫瘍患者の「語りの水準」として、「現実的水準」「創像的水準」「物語的水準」「無意識的身体心像」の4つを挙げている。「現実的水準」は事実を語る日常的レベルの語り口。「創像的水準」は天使とか悪魔とか不思議な木や花や異形の者たちが自然物と同等に存在する現実離れした世界。「物語的水準」は現実的と創像的の中間に位置するもの。「無意識的身体心像」は、先ほど述べたように疾患の身体的なイメージが無意識的に現れるものである。これらの中で、病気の子どもの物語として例を挙げてきたものは「物語的水準」にあたると考えられる。そこでは創像的水準のように天使とか悪魔とか木や花や異形の者たちが現れるが、それは単なる妄想的なものの出現に終わらず、物語の流れの中にしっかり位置づき、話の展開に重要な役割を果たしていく。そしてまさに、主人公を導いたり窮地に陥っているところを助けたり貴重な見解を述べたりするのである。

　物語をつくっていく中で、これらのイメージはまったく自律的に現れ動いていく。それは子どもが「思ってもみなかったことが次々と浮かんできて驚いた」と言うところからもわかる。それは意識がこうした物語的水準にあるからではないかと思われる。そもそも俳句イメージ法では、俳句という「異界」に遊ぶこと自体が意識の退行を促し、無意識的なイメージを呼び込みやすいと私は考えているが、病気の子どもに特有な元型的イメージが次々と現れてくるのは、そうしたことに加えて、ここで述べたような病気の子どもの意識の水準が関係しているのではないかと思われる。岸本は、治療者がこうした患者の意識の水準に配慮し、患者と同等の次元に立つ姿勢の重要性を述べているが、これは病気の子どもにかかわる私たちとしても肝に銘じる必要があるだろう。子どもに寄り添い一人一人の意識の次元にどれだけ近づけるか、まさに私たち自身の器が問われるところであると思う。

108

第2章

自分自身の人生の物語を つくり上げていった子どもたち

第2章　自分自身の人生の物語をつくり上げていった子どもたち

　ここまで書いてきたように、病気の子どもはさまざまな形で自己を表現
し、その苦しい状況や言葉にならない感情を吐き出し、訴えかけてきている。
私たちがそれらを受け止め、支えることで、彼らは苦しい中でもそこから何
らかの解決の糸口を見出し、自分自身の人生の物語をつくり上げていくこと
ができる。その際彼らは、何らかの形でこれまで述べてきたような元型的な
イメージと出会い、それらの助けを借りて問題の解決の糸口を見つけ出して
いるように感じるのである。ここでは、そうした例をいくつか挙げることで、
具体的にどのような形でそれが成し遂げられていったのかを示したい。
　なお、事例は個人が特定されないよう、事実そのままではなく、内容を逸
しない程度に脚色を加えてある。ただし、絵画や箱庭作品等は本人の了解を
得てそのまま、物語等は私が要約して掲載している。図の符号の付け方は第
1章と同様である。

1

物語づくりを通してこころの再生を
成し遂げた幸代

（1）うつ状態の現れ

　幸代は高校1年生、15歳である。10月、1年のうちで一番気持ちのよい時期のはずなのに、空はくもってどんよりした日であった。彼女は母に連れられ、特別支援学校の片隅にある相談室に座っていた。うつむきがちで、表情はほとんどなく、年齢よりいくぶん幼く見えた。彼女は黙って座っているだけで、時折うなずいたり首を振ったりするだけである。母がこれまでの経緯について話してくれた。

　家族は父、母、妹と幸代の4人。家族関係は仲が良く良好である。幸代は3歳頃に喘息を発症した。小学1年生で一度入院したが、その後はほとんど発症していない。あるとき、妹が通っていた体操教室を見学に行って興味を持ち、本人の希望で習い始めた。もともと運動神経がよかったこともあり、その後めきめきと上達し、小学6年生のとき地区大会で優勝した。本格的に体操を続けるため、隣県にある中高一貫の私立中学に入学する。成績も良く、1〜2年時は休まず登校し、遠距離通学と部活動の毎日が続いた。学校生活がハードだったためか、中学3年生になって長年出ていなかった喘息発作が出始めた。無理がたたって症状が悪化し、薬を強化するが次第に効かなくなってくる。

　3年生は通常、夏以降は部活動を引退するが、「全国大会に出られるかもしれない」と周囲に期待され、数人の生徒とともに高校生と一緒に練習を続

行することになる。しかしそこで幸代にとって大きな事件が起こる。先輩から、「中学生のくせに生意気」といじめを受ける。母によれば、中学3年の大会後、「糸が切れたようになった」。中学の卒業式は体調が悪く欠席した。中高一貫校のため、同じ学校の高校に入学するが、体操はやらずに、文化部に転部した。幸代はこのことにかなり罪悪感を持っているようだと母は言う。喘息に対する周囲の理解も得られず、さぼっていると見られる中、高校1年で発作が頻発し、地元の病院に入退院を繰り返す。この頃からうつ傾向で、2学期から登校できずにいた。精神科で抗うつ薬、睡眠導入剤を処方されていた。相談を終えた後、特別支援学校へ転校してやっていきたいというので、11月初めに転入することになった。

(2) 定期のカウンセリングの中で

　特別支援学校は小学部から高等部までの子どもが在籍しており、普通学級は通常の学校と同様の教科学習を行っている。この学校に何らかの病気で転校してくる子どもは、病気が治れば元の学校に戻るが、心の問題で転校してくる子どもの中には卒業時まで在籍する場合も少なくない。幸代も、卒業時まで在籍した。

　通常の高校とは異なる内容として、自立活動という時間がある。これは、さまざまな病気や障害を持つ子どもが、その状態を自ら改善・克服していくことを狙った時間である。高等部の場合、週1回、2単位時間（1単位時間は50分）設けられていた。心の問題を持つ子どもに関しては、担当者とほぼ一対一でのカウンセリングが主となる場合が多い。幸代の場合は、私が月に1〜2回、校舎のはずれにある相談室で担当した。ここは他の児童生徒が来ることもなく、静かで、カルフ（Kalff, 1966）の言う「自由にして守られた空間」である。現在はここに箱庭などが置かれているが、幸代が入った当時はまだ箱庭は設置されていなかった。面接は25回行われた。長期にわたるので、ここではその経過を4期に分けて紹介する。

1　物語づくりを通してこころの再生を成し遂げた幸代

〈第1期──心の深奥との対話〉

　第1回（11月）　転校しての印象を聞く。「本校に来て最初に驚いたのは、飲み物を机上に置いても叱られない、遅く来てもさぼっていると思われないこと」。前の学校は厳しく、1分でも遅れると叱られたという。ここではゆったり過ごしてよいことを告げ、この先、自立活動でやっていく内容などについて話し合う。

　第2回（12月）　半年ほど前から、学校や電車の中、家では夜に幻覚が見えたり幻聴が聞こえたりするようになったという。電車の中では「こんな時間に何やっているんだ」という声が聞こえたり、家では天井に、マンガの『名探偵コナン』に出てくるような悪者の目が自分を見ている気がしたりするという。そのつらい気持ちに寄り添って聴いていると、次第に表情もやわらかくなってくる。絵や文章を書くのが好きだというので、心理的な状態を共感的に見ていく意味もあり、風景構成法に誘う。すると「おもしろそう」と言って取り組む（図19−①）。大きな川に桃が流れる。山には熊と、熊狩りの猟に行く人。「くまに注意」の看板。鳥が左（内界）に向かって飛ぶ。黒く塗られた太陽に心の暗黒を見る。これまでの抑圧された生活を思えば、流れる桃に女性性の獲得や生命の輝きへの羨望などが象徴的に現れているようにも感じ

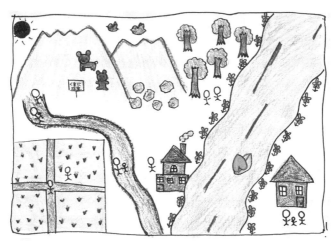

図19−①

る。熊狩りからは焦燥感や活動性の高さを感じるが、自らの本能的なものへの恐れでもあろうか。山から転がり落ちる岩は、危険な状態にさらされていることを表していると思われる。微妙に手を触れ合う親子からは自立の問題も垣間見える。

第3回（翌年1月）　ビリヤードなどで遊んだ後、最近の体調などについて話す。「今まであまりに忙しかったせいか、土日に休むと罪悪感を感じる。おやつを食べることにも罪悪感がある。子どもの頃からずっと体操の先生になりたかったが、今はそれがなくなり空虚感」と言う。その気持ちを受け止めながら、この学校でゆっくり休むことも大切と伝える。

第4〜5回（翌年2月）　物語をつくることはどうかと聞くと、「とても好き」と言う。そこで、俳句イメージ法に誘う。「コスモスを離れし蝶に谷深し」（水原秋桜子）の句を提示し、ここから自由に絵を描いたり、物語をつくってごらんと言うと、喜んで書き始める。まずはこの句を通じて自分と向き合い、心の深い部分と対話をしてもらうこととする。最初に書いた物語は次のような内容であった。この作品は初めの時間では書き終わらず、次の回にかけて完成させた。

（作品1）　谷とお花畑が隣り合う、天国と地獄のようなところ。お花畑ではたくさんの動物が仲良く暮らしているが、あるとき、一羽の蝶が人間になりたいという。物知りなカエルのおじいさんが、谷に住む魔物に勝てば願いがかなうという。決死の思いで谷に来た蝶だったが、最後は力尽き、下へ下へと落ちていく。しかしどんなに落ちても底へはたどりつかない。……ふと我に返るとあたりは明るくなり、目の前に天使が現れる。「あなたは魔物ですか」と聞くと、天使は、「いいえ、魔物はあなた自身だ」という。「暗闇で自分を見失っても冷静にいられるか、自分という魔物に勝てるか」と問われ、蝶はその言葉の意味をかみしめる。

幸代のイメージは、谷は「寂しげで悲しげ」で、「谷底は落ちても落ちても決して底へはつかない」ところであるという。けれども蝶は「絶対に人間に

図19-②

なりたい」と思っているというのである。幸代の描いた絵は、図19-②（口絵8）である。そこは動物たちが楽しく過ごす楽園なのだが、右の端には一転、大きな谷が広がっている。絵の題は「天国と地獄」だと言う。私は、お花畑の横に大きく口を開く暗く深い谷に、幸代が味わってきた「天国と地獄」の心の世界を見たような気がした。作品をもとにした話し合いでは、「谷に落ちていく間は長い時間だったが、絵を描いたりしてしばらく考えていると、自然と天使のイメージがわいてきた」という。私は、「絶対に人間になりたい」と思っている蝶のイメージや、自分の中に「魔物」を見出す幸代の感性に、今後の可能性や期待を感じ、「魔物って何だろうね」と投げかけた。

［その後、幸代は高等部2年生に進級。年度末、年度初めの自立活動はグループで行うため、個別カウンセリングはしばらくお休みになった。］

〈第2期——復活と再生の旅へ〉

第6～8回（翌年5月）　進級して初めての個別の時間だったので、最近の体調を聞くと「抗うつ剤は調子のよいときは飲まない。電車の中での幻聴はだいぶ減ってきた」という。この時期、自立活動では調理実習、軽運動、教室装飾などに数人のグループで取り組む。幸代は、周囲を必要以上に気遣う

面が見られ、「人といるととても疲れる」と言うが、一方、軽運動では負け
ず嫌いな面ものぞき、バレーなどでは強く打ってくる。登校は10時過ぎに
なるが、毎日登校する。1日だけ欠席したことがあり、それについて「朝起
きたら熱っぽく、母が『休んでいいよ』と言ってくれた。これまでは熱があっ
ても学校に行っていたので、休むことに罪悪感があり、自分から休むと言え
なかったので、うれしかった」と言う。

第9回（翌年6月） 久しぶりに風景構成法（図19 –③）に誘う。川はいわゆ
る「天から降る川」で視点が混在し奇妙な構成。その川を境に、右（田舎）と
左（都会）は別世界。「川に流れる桃を取ろうとするが流れが速くて取れない」。
橋もなく、「向こうの世界には行かれない」と言う。鳥が左に向かって飛ぶ。
田舎では火山が爆発し、近くにいる人は死んだ人だという。都会は母娘で遊
びに行く途中。下の家では「親のいないときに子どもが出ると犬の怪獣が出
てくる」と説明する。再び自立の問題や幸代の中で起こっている混乱や葛藤
を感じる。

第10回（翌年9月） 夏休みを挟んで様子を聞くと、買い物などさまざまな
ところへ出かけ、家族で海にも行ったという。海は初めてで、「体操では日
焼けしてはいけないので、海やプールは行けなかった」のだという。「短時
間だが中学校時代の友達とカラオケにも行った。向精神薬は3ヶ月前から飲
んでいない。幻聴はまだあるが電車内のみで、同年代のグループは近づかな
いようにしている」。私は、エネルギーが徐々に蓄えられてきているのを喜
ばしく感じたが、「こうして少しずつ外へも出て、元気になっていけるとい
いね」と言った。

第11回（翌年10月） 3回目の風景構成法（図19 –④、口絵20）に誘う。真ん
中の大金持ちの家がこの付近を仕切っていて周りの者を働かせている。川で
働く人、鳥に追いかけられ逃げる人、田んぼで働く人、リンゴを収穫する人、
みんな大金持ちに働かされている。道の先に大きな岩があってさえぎり、山
には登れない。私は閉塞感を強く感じたが、同時に、束縛されている人々、
働かずにはいられない人々の存在がとても印象に残った。

第12～13回（翌年11～12月） 俳句イメージ法の2回目に誘ってみる。い

1　物語づくりを通してこころの再生を成し遂げた幸代

図19-③

図19-④

つものように喜んで応じる。今回は「ちる花の海に沈んで貝となる」を提示する。この句は高浜虚子門下の松野自得の作で、浪漫的情調を感じさせるが、私は幸代に、もう少し心の深いところに行ってもらいたいという思いがあった。「貝」には「閉ざす」というイメージもあるが、ここでは花片が貝となるイメージに、何かしらの展開や変化のきっかけを期待する気持ちもあった。

117

第2章　自分自身の人生の物語をつくり上げていった子どもたち

始める前の印象として、「この世界は、花びらが散って、海に沈んで貝になるまでが、長い長い時間のような気がする」と言った。花は解釈的には桜なのだが、彼女のイメージは「椰子」なのだという。次は作品の概要である。

　（作品2）　海沿いのピカピカな家に、かわいい男の子が生まれた。両親は男の子がすくすく育つように椰子の木を植えた。しかし男の子はわがままに育ち、思い通りにならないと暴れるようになる。ある風の吹き荒れる日、男の子は両親にお金をせがみ、受け入れられないと、家の通帳と印鑑を全部持って家を出る。そのとき椰子の花びらが1枚、海に飛んでいく。……両親は育て方を反省し、叱ってやれるのは自分たちだけだと気づく。一方、男の子は遊び歩いてお金を使い果たし、再びお金を取りに家に戻る。すると、両親がこれまでと違う顔つきで「金をくれ」と言った男の子のほほをなぐり、これまでの育て方が悪かったと涙を流して謝る。男の子はどうしていいかわからず、家を飛び出すが、走りながら涙があふれるのだった。……その後男の子は見知らぬ街で汗水たらして働き続ける。海深く沈んでいく椰子の花。月日は流れ、夫婦は年をとり、ピカピカだった家もさびた頃、突然息子は紙包みを持って帰ってくる。中身は男の子が使ってしまったと同じ額のお金であった。

　これは原稿用紙7枚を超える大作である。椰子は象徴的には「復活」を意味するが、私はこの復活と再生の物語に深い感銘を受けた。作品づくりを終えた後、幸代は「自分の思ってもみなかったことが次々と浮かんできて物語になっていくのがおもしろい」「自分の思っていることが整理整頓されてくるような気がする。とてもすっきりする」と言った。椰子の花びらのその後について聞くと、「海に沈んでいくのと男の子が変わっていく間が長い長い時間であることを表したかったが、うまくいかなかった」と言う。私は、人が変わっていくには長い長い時間がかかること、物語づくりの中では思ってもみなかったことが頭に思い浮かぶこと、それは自分の知らない自分との出会いでもあること、などを話し、幸代はそれが腑に落ちたようであった。

［この回以降、とても良い状態が続いていたが、ある日突然、かわいがっていた愛犬が交通事故で死ぬ。幸代はショックで起き上がれなくなり、食事ものどを通らない。欠席が続き、そのまま冬休みに入る。］

〈第3期──希望や期待の芽生え〉

　第14〜15回（翌々年1月）　冬休み明け、担任が「一皮むけたようだ」と言う通り、晴れ晴れとしている。愛犬のことは、「自分の代わりに死んだのかもしれない」と言い、「人間は、日常生活を送る中で、悲しんだり苦しんだり、亡くしたものを思い出したりすればいい」と思うようになる。冬季五輪で韓国人選手の表現力、演技力がすばらしかったことを褒め称える。私は、幸代が体操につながるものを受け入れられるようになったことをうれしく感じる。喘息の薬が減り、精神科は年初めの外来で終了となる。「悩みがないわけではないが、眠れないとか、食べられないということはない。電車の中の幻聴もほとんど出ていない」と言う。最近、進路について具体的に考え始め、幼稚園に見学に行ったという。

　第16回（翌々年3月）　風景構成法に誘う（図19－⑤、口絵21）。川は相変わらず天から降るが、緩やかな流れ。洗濯物のシャツが流され、それを見送る夫。

図19－⑤

119

山に続く道には以前と同じ大きな岩があるが、そこから左右に細い道が分かれていき、それぞれ山に行ける。鳥が右（外界）に向かって飛び、桜の木に巣づくりをする。巣にはヒナが2羽いる。私は、「一皮むけた」と同時に、幸代の中に希望や期待が現れてきていると感じる。

［高等部3年生に進級。年度末、年度初めの自立活動はグループで行う。］

第17〜18回（翌々年4月）　3回目の俳句イメージ法に誘う。幸代の中に現れてきた変化や希望を体現できるような句を探し、「分け入っても分け入っても青い山」（種田山頭火）、「海に出て木枯帰るところなし」（山口誓子）を提示する。幸代は後者を選んだ。実はこの句は、変化や希望と言うよりは、海に出た木枯らしのよりどころのなさが趣意であり、「帰るところなし」の弧絶した世界も厳しいので迷ったのだが、しかし幸代にとって大海に臨むことも意味があると考えて提示した句である。幸代は、「（俳句の意味と）趣旨が違っちゃったけど」と言って見せてくれた。絵は、海辺の大きな木。リスや小鳥の大きな巣穴がある。

　（作品3）　あるところに1本の木があり、小鳥やリスと暮らしていた。あるとき、1枚の若葉が海を旅したいと言い、みんなの反対を押し切って嵐の日に海に出る。若葉が行き着いた場所は、いつも自分のいる場所と似ているが、違ったところ。リスもいるし、小鳥もいるが、何か違う。そこはみんなが一緒に仲良く暮らしているのでなく、それぞれが黙々と、自分のことだけやっている世界。誰に話しかけても応えてくれず、若葉はあわててそこを抜け出す。あてもなくさまよい、途方に暮れているところを、仲間たちが助けに来てくれ、元の場所に戻る。

行き着いたところは人と言葉が通じず、「自分のことだけやっている世界」。この世界は、かつて幸代がいた世界ではないか。一人で黙々と、話しかけても誰も応えてくれない。幸代は、「若葉は外の世界に出たくて勢い込んで出たけれど、なぜだか行き着いたところは人と言葉が通じない」のだという。未知の世界とはまだやりとりが十分ではなさそうだが、私はそこに出

立のイメージが描かれていることをうれしく感じる。

第19回（翌々年6月） 5回目の俳句イメージ法に誘う。前々回に提示したうちの1つ、「分け入っても分け入っても青い山」をやる、と自分から言う。この句は、行く手に幾重にも広がる青い山、人生そのものを表した句と感じられる。生き方を模索する今の幸代には適していると感じられた。女の子の前に、いくつかに分かれた道が描かれる。どの道も、その先は光り輝いている絵（図19－⑥）。

（作品5）　世の中に道はたくさんある。目的地に着くにはいろいろな道があって、どの道がいいのかは誰にもわからない。まっすぐ行くのがいいという人もいれば、寄り道していくのがいいという人もいれば、行ったり来たりするのがいいという人もいる。自分の好きな道を、好きな速さで、好きなように行けばいい。その先にはきっと素敵な道があるはず。

「どの道を行ってもその先は光り輝いている」と言ったのが印象的だった。これまで決められた道を歩いてきて、この道しかない、この先もこれしか自分にはないと言っていた幸代からは大きな変化であると感じた。進路に関しても、「これまでは幼稚園の先生と決めたらそれしかないと思っていたが、自分には料理や手芸など得意なものがいろいろあるので、可能性を探っていきたいと考えるようになった」と言った。多様な考えができるようになってきたこと

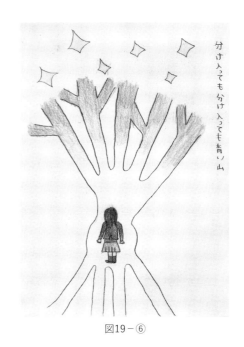

図19－⑥

図19−⑦

を支持し、感想を問うと「気が楽になった」と言う。

第20回（翌々年7月） 風景構成法に誘う（図19−⑦）。3つの山のうち、真ん中の山には大きな岩があるが、その下から川が流れてきている。もう1つの山には中腹まで細い道が至る。3つの家に住んでいる人たちは、それぞれの田で働いている。大地主は大きな家で遊んで暮らす。3羽の鳥。「川を挟んで右側の花が咲く世界には行かれないが、鳥たちは左側から右側の世界に飛んでいく」。山の岩と川について尋ねると、「岩の下から水が流れて川になっている」と、水のわき出るイメージが語られる。

〈第4期――心の成長とありのままの自分へ〉

第21回（翌々年7月） 6回目の俳句イメージ法に誘う。ここまできた幸代に、大きな安らぎを得られるような句を示したかった。「遠山に日の当たりたる枯野かな」（高浜虚子）を提示する。この句は遠山にぽっかりと日のあたる光景をよんだ句で、人生の寂寥の中に灯る光明を感じさせる。季節的にはまったく不似合いであったが、心が温かくなる句である。しかし意外にも幸代の示した反応はまったく別のものであった。幸代は、「この間から、物語という感じではないんです」と言いつつ書く。

（作品6）　人にはいろいろな過去がある。誰にも言いたくないはずの過去をスラリと話して、それがあたかも輝いていたかのように変えられる人もいる。負った傷を絆創膏で隠し、いくら時がたってもかさぶたにならない傷をどうしたら輝かすことができるのか。痛いのを我慢して絆創膏をはがしたら輝いて見える？　でも輝きは暗闇ではきれいに見えるけど、明るみではきれいに見えない。きっと輝いて見えるのはもっともっと暗い闇があるからなのかもしれない。周りが暗闇だからこそ一つきれいに輝いて見える。だから別に絆創膏で隠したっていいのかもしれない。そしたらもっときれいに輝く場所が出てくるかもしれない。

　幸代のイメージは私とはまったく別のところで働いていた。私は、幸代の負った傷の深さを改めて感じるとともに、幸代が自らその意味を問い直し、自分なりに納得を得ようとしているように感じられ、暗闇の中で光り輝くことの意味を一緒に考えた。幸代は、「別に無理をしなくてもいい、自然体でいけばいい」と、ふっきれたようなことを言った。

第22回（翌々年9月）　夏休み明け、元気に登校してくる。大学進学でAO入試を受けることになる。面接では自分の得意なことやこれまで頑張ったことを聞かれたら、「体操」と答えようと屈託なく笑った。7回目の俳句イメージ法に誘う。「夕立やお地蔵さんもわたしもずぶぬれ」（種田山頭火）を提示する。この句は、自然の中、お地蔵さんと一体化する私が読み取れる。この時期、こうした「共にいるイメージ」の句を示したかった。雨の中、傘を放り投げて、画面右上のほうへ向かって歩いて行く女の子の絵（図19－⑧）を描く。

（作品7）　ただ呆然と歩いてた。一人きりで。行くあてもなくただ呆然と歩いてた。急に夕立がきた。私の心の中と同じで冷たく降ってくる。私の心のダムはいっぱいで、だから傘で堤防を作った。ふと目に入ったお地蔵さんは私にほほえんだ。「堤防を壊してごらん」。そう聞こえた。私は自分で堤防を壊した。なぜだろう。さっきと違って温かい。なぜだろう。でもありがとうお地蔵さん。私はお地蔵さんにお礼を言って雨に濡れながら歩

第2章　自分自身の人生の物語をつくり上げていった子どもたち

いていった。でも冷たくも寂しくもなかった。

幸代のイメージは、「お地蔵さんが私を見守ってくれている」というものであった。絵の中にはすでにお地蔵さんはいない。これまで抱えていた心のダムはいっぱいだったのが、自分で堤防を壊すまでに幸代は成長してきた。そして幸代の心の中にはお地蔵さんが共にいて、外界へ向かって歩いていけるようになったのだ。

第23～24回（翌々年10月）　8回目、最後の俳句イメージ法である。

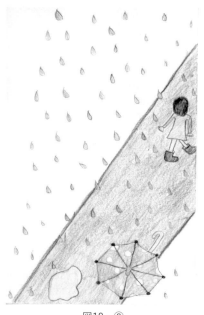

図19－⑧

「藻を染めし夕日の沼や渡る蛇」（大須賀乙字）を選ぶ。この句は夕日に赤く染まる沼を渡る蛇に目をとめた句である。幸代とのかかわりも、そろそろ終わりに近いと感じていた。脱皮し、変身する蛇、沼を渡る蛇、このモチーフは今の幸代にふさわしいと感じられた。この句はある意味不気味な雰囲気もたたえているので、幸代が選ぶかどうかわからなかったが、案外さっとこの句を選んだ。「今日はイメージが動く」と言って黙々と書く（図19－⑨）。

（作品8）　嫌われ者である主人公の蛇は、洞穴に住んでいて、毎日夕方になると外に出る。本当は青い空の下でみんなと遊びたいが、蛇というだけで周りの者は逃げてしまう。蛇じゃない何かになりたいと思って、覚悟を決めて自分の頭を何度も洞穴にぶつけた。……あと少しで蛇とお別れできる、そう思った瞬間、誰かが「ダメだよ」と言う。上を見上げると、大きな2つの目と大きな口。それは洞穴だった。蛇は今までも、これからも、ずっと一緒にいて温かく見守ってくれる洞穴の存在に気づく。この友達が

1　物語づくりを通してこころの再生を成し遂げた幸代

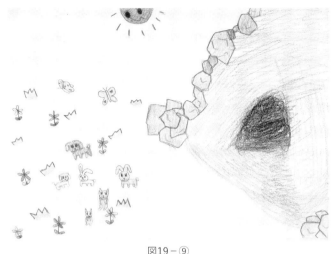

図19 −⑨

いれば、寂しくも悲しくもないと思う。

　頭をぶつけたところで時間となり、1週間、間があいた。その間のことを聞くと、「いろいろ考えていた」と言う。「子どもの頃、斜面の穴から蛇が出てきて、子どもたちがみんな怖がった」「蛇は嫌われ者なんだな、と思った」「初めは蛇でない違うものに変えようと思っていた。『生まれ変わり』を考えていた。でも、書いているうちに、洞穴はずっとそこにいて、変わらないじゃないかと気がついた。それで、蛇は蛇のままだけれども、でもそれに気がついたことで、元の蛇ではない。変わったのだと思う」と言った。私は思わず「幸代さんもだね」と言ってしまったが、幸代は黙ってうなずき、洞穴の絵（図19 −⑨）を見つめていた。

　第25回（翌々年11月）　最後の風景構成法である（図19 −⑩）。川は心の堤防をはずしたせいか幅が広くなり、右上隅から下に流れる。左上の3つの山にはそれぞれ頂上近くまで3本の道がつながる。ふもとには3本の木と、長屋風の家。大きな岩が転がっており、横に案内板が立つ。右側には田があり、人が一人仕事をしている。「3つの山はそれぞれ登る難易度が違う。ふもとの宿泊所は登山者の泊まるところ。岩は『昔、噴火した火山の溶岩が固まっ

図19−⑩

たもの』で、説明の立て札が立っている。右の田には老人が一人で田を耕す」。昔噴火した岩に説明書きが付いているところが、ほほえましい感じがした。山はどこに登るのかな？と聞くと、「私はここかな」と真ん中の、一番やさしい道を指さして笑った。私は、目標はこれしかない、と言ってがむしゃらに進んでいた頃を思い出しながら、「そう、ゆっくり、少しずつ行けばいいね」と応えた。

(3) 考察── 幸代の変容を促したもの

　幸代は小さい頃から体操の才能を認められ、他のことは構わず一心にそれに打ち込んできた。中高一貫校に入り、厳しいコーチの指導の下、トップレベルの選手になるべく、行く手に一本のレールを引かれて突き進んできた。そこは周囲との競争の世界であり、先輩からのいじめにあう。遠距離通学の負担もあり、喘息の持病も相まって心身ともに疲れ果てた幸代は、全国大会終了後「糸の切れたように」なり、うつ状態に陥ってしまった。目標からの脱落は幸代に罪悪感をもたらし、以後心の傷となって内奥に閉ざされる。自分の居場所をなくしたことは、「私は何なのか、どこへ行くのか」というア

イデンティティの喪失につながったと考えられる。母親によれば、中学2年生であった生理は厳しい練習とダイエットのため2年間止まったという。月経の喪失は自身の女性性の喪失となり、アイデンティティの喪失とも深くかかわっていると考えられる。喘息に心理的因子が関与していることは自明であるが、発作は頻発し、周囲の理解は得られぬまま、不登校はこうした状況で始まったと考えられる。

　幸代にとって特別支援学校での生活はこれまでとまったく違った世界であった。何をしても、考えても、柔軟にとらえてもらえる。ゆったりと流れる時間。緒方・江上 (1996) は、病弱養護学校 (現在の病弱特別支援学校) の存在そのものが集団精神療法の一つとして優れた治療構造を持つという意味のことを述べているが、その中で徐々にエネルギーを回復していく。そうした中で実施した俳句イメージ法は、幸代にとって本来の自分を見つめ直し、新たな自己を確立していく心の再生と生き直しの場だったのではないかと思われる。ここではその過程を物語づくりに即して振り返ってみたい。

〈第1〜2期〉

　作品1では、人間になりたい蝶が、意識と無意識をつなぐ者としてのカエルの仲立ちで谷へ降りていく。そこで天使に会い、「魔物はあなた自身だ」と言われる。魔物 (ダーティなもの、ネガティブなもの) を知らない蝶が、自分の中の魔物に気づくことで、人間になれるのである。それはイニシャルドリームに値するような、これまで脇目もふらず突き進んできた幸代に与えられた課題のようであった。風景構成法① (図19 −①) では、川に流れる桃がそれを象徴しているようである。桃は一般に成長や女性性の確立を表すとされる。これは風景構成法② (図19 −③) でも現れるが、まだ「流れが速くて取れない」のである。川は大きく、天に抜けており、内的世界の葛藤や不安定さ、心と体の中間領域での問題も感じさせる。山の噴火は喘息とも関連しようか。左右の世界は行き来ができず、混沌とした、閉塞状態である。一方、火山の爆発は感情の解放や生命復活の変容の可能性を示す (Allan, 1988) こともあり、期待も持てる。

作品2では、自立のテーマが流れていることは明らかであろう。置かれた環境（ピカピカの家）への抗しがたい状況を打ち破るためには、そこから生まれたお金を全部使ってしまわなければならなかった。そして新たに、ゼロからスタートする。椰子の花びらは海の底深く（無意識）に沈んでいき、そこから男の子に呼びかける。椰子は孤高の象徴であり、また実用性の高い植物でもあり、男の子の勤勉を支える格好の役割である。そしてそれが成就したとき、花びらは貝（お金）となって、男の子が稼いだ実効性のあるものに形を変えるのである。

　この作品をつくった後、幸代は一区切りついたように安堵の表情を見せるようになった。その後の愛犬の死は幸代に大きなショックを与えるが、愛犬の死と、自分の内的な状況のコンステレーション（布置）に意味を見出し、それを機に生まれ変わったようになる。休み明け、学校へ出てきた幸代は「一皮むけたよう」であり、体操のことが語れ、幻聴もほとんど出ず精神科受診は終了している。そして自分の進路について考え始めるのである。風景構成法③（図19－④）で岩に閉ざされていた道は④（図19－⑤）では岩の両脇に分岐し、山（目標）に上がっていく。これまで十重二十重にはりついていたペルソナ（シャツ）は川に流され、それもよしと見送るのである。そして鳥は巣づくりをし、ヒナを育て始める。ここで川は上下を貫くいわゆる「川が立つ」（山中, 1984a) 状態でもあり、発達との関連では心性の変化を表すとされるが、内界の一つの転機と言ってもよいだろう。

〈第3～4期〉

　3年生になってつくった作品3は、若葉が海を旅する物語である。新たな可能性を求めての旅であったが、そこでは言葉が通じない。自立への不安もあるのだろうか。異界への旅は、幸代の心の全体への旅と言ってもいいが、無意識との疎通はもう少し時間がかかりそうである。

　この頃の幸代の作品は、一時期、「物語という感じではないんです」というように、説明的であったり詩的であったりする（作品5、6）。これは文章化する上で、意識的な関与が強くなっているからだと思われる。この時期の幸

代は、現実的な進路の問題に関心が集まり、物事を知的に、現実化してとらえようとしていたのではないか。こうした作品も、意識的態度や心の整理として意味あるものであると考えられる。特に、作品5の眼前に広がる多様な道の話からは、これまでの「これしかない」という近視眼的なものの見方から、「これでも、あれでも」という柔軟な見方を受け入れられるようになった幸代の心の成長がうかがえる。この時期にこの句を提示し、幸代自身が選んだことは、幸代が自らの生き方を問う上で重要であったが、この句を閉塞状況としてではなく、肯定的に受け取れたことが大きい。

　作品6は内的世界の比喩であると言えるが、自らの心の傷のイメージに焦点を当て、見方を変えれば違ったとらえ方ができるのではという意識的態度が見られる。こうした冷静な目で見つめ直すことによって、その意味に気づけるのであろうし、一つ一つ自分の心の中のわだかまりをときほどいていくことができるのであろう。同時期の風景構成法⑤（図19－⑦）では、これまで天に抜けていた川が、ようやく風景に統合される。水のわき出るイメージが語られ、幸代の内面の充溢や、新たな可能性が感じられる。さらに、3つの山、3つの家と田、3羽の鳥など、ユング心理学では変化を表すとされる「3」という数が目立ち、これは次の風景構成法⑥（図19－⑩）ではさらに3本の木、3本の道などにも広がりを見せる。

　作品7は「お地蔵さんと私」という「同行」を思わせる句がもとであるが、物語の中でもお地蔵さんは「私」にほほえみ、「心の堤防」を壊せと言う。幸代の心にはすでにお地蔵さんが住んでいるのだ。作品8でも同様のテーマがうかがえる。蛇は脱皮を繰り返すことなどから「再生」や「生まれ変わり」という象徴的な意味を持つが、初めは蛇でないまったく違ったものへの生まれ変わりを考えていた幸代は、書き進めるうちに別のイメージがわいてきて、「蛇は蛇でいいじゃないか」と思う。蛇には洞穴という、ずっと温かく見守ってくれるものがある。そう気がついた蛇は、もう元の蛇ではなかった。洞穴は象徴的にはイニシエーション、変革を表し、そこを通って別のものに生まれ変わる話は多い。幸代自身が物語づくりの中で洞穴をくぐり、自分を見守ってくれる存在に気づき、大きな変容を遂げたのだと思われる。ここで、

お地蔵さんや洞穴は内在化された治療者像とも見られるが、作品の中での位置づけを考えればむしろ自分を見守る絶対的なもの、山中（2001）の「心の内なる超越にかかわるイメージ」に近いものとして幸代に体験されたのではないだろうか。

　風景構成法⑥（図19-⑩）では、川や下流の家からはまだ危うさが感じられるものの、かつて爆発した自分のことを説明し、自分の背丈に合った山に登ろうとする幸代の姿が現れている。ここにおいて幸代は、背伸びをせず、ありのままの自分で、柔軟に生きていこうとする姿勢を身につけたと言えよう。それは自分の中の「魔物」を受け入れ、地に足をつけて、自立に向かって一歩一歩進んでいく姿勢でもある。

2

箱庭や物語づくりを通して
自己イメージを変容させていったレイ子

(1) 突然の身体の異変

　レイ子はスポーツで有名な私立高校の1年生。体育のマラソンの途中で足の激痛で気を失い倒れ、救急車で病院に運ばれ緊急入院した。精密検査を受けるが異常なし。いくつかの病院を受診後、大学病院の心療内科で転換性障害と診断を受ける。退院後も車いすでの生活となり、母親の車で通学、3階の教室までは友達が交替でおんぶなどをして2ヶ月間過ごしたがそれも限界となり、高校2年生の5月に特別支援学校に転校となった。

　家族構成は父と母、大学生の姉、本人の4人。家族関係は良好である。性格は明るく、外向的で、ショートカットの髪型などボーイッシュな感じである。転校時の教育相談で自分のこれまでの経過や現在の気持ちを言葉で述べることができた。中学時代はバスケットボールの選手で、高校にはスポーツの推薦で入学した。子どもの頃から男勝りでスポーツは一番の得意としていた。成績は中の上程度。高校入学後、バスケ部で頑張ったが周囲は自分よりレベルが高く、選手になるのが難しい状況で、コーチとの折り合いも悪くなっていた。

　転換性障害では、身体症状として運動障害や知覚障害、自律神経症状など、さまざまな症状が出現する。この場合、症状の改善だけに焦点を当て、心的葛藤や精神生活に関する内容が深まらないと、なかなか真の治癒にはつながらない (西園, 1980)。

第2章　自分自身の人生の物語をつくり上げていった子どもたち

　青木 (2001) は思春期の転換性障害を、あくまで類型としながら、その同年齢集団の中の位置に注目して「中心型」と「周辺型」に分けている。中心型は自ら人より優れた子という自己像を持ち、周囲の評価も高く、性格も明朗、活動的、負けず嫌いで外向的・競合的な面を持つが、一方、何らかの契機で「優れている」という自己像、高い自己評価を脅かすような、耐えがたい出来事によって発症したものである。周辺型は「素直な良い子」という自己イメージを持っており、周囲の同様の評価に支えられ、競合を避け協調的に過ごしているが、一方、「良い子」という自己像を脅かす耐えがたい出来事が契機となって自己像が破綻し発症するというものである。

　これらはもともとの性格特性に違いはあっても、いずれも固定した自己イメージを侵害されることによって混乱し、その苦痛や恐怖が発端となり身体症状として発症したものであろう。フロイトのヒステリー理論で言えば、さまざまな欲求や苦痛が無意識下に抑圧され変形されて身体症状に置き換わる(転換)ことで自我を守ろうとする働きを意味する。したがってこうした立場での治療としては、自己の弱さや挫折を自分のこととして受容したり、抑圧している攻撃性や陰性感情を表出したりして調整するなど、守られた空間の中で、固定した自己イメージをやわらげ、ありのままの自己を見つめる体験が必要になると考えられる。レイ子の場合も、中学までトップレベルの選手であったことを考えれば、高校に入っての挫折が、身体症状と関連していることは容易に想像できた。

　レイ子が最初に特別支援学校を訪れたのは、運動会の日であった。体育館の後ろで、保護者などに交じって見学した。車いすの生徒や動きの制限された生徒が楽しめる工夫された競技を見て感心する。「みんな楽しそう。こんなところもあるんだ」と感想を漏らし、「ここならやっていけそう」と言う。日を改め授業の様子も見学し、転校を希望する。私との話の中では、現在の学校ではバスケ部を辞めさせてもらえないことなど、コーチに対する不満を漏らしていた。

(2) 週1回のカウンセリングの中で

　幸代の場合と同じように、自立活動の時間を利用してカウンセリングを行っていった。5月下旬から9月下旬まで、週1回45分を基本とし、教育相談室で行った。歩けないとは言ってもレイ子は運動が得意であり、本人の希望もあって、車いすでできる運動をプラス45分、体育館で行うことにした。この間、医療機関には経過観察で1回訪れただけであり、服薬等はしていない。

　第1～3回（5月）　運動会とその後の教育相談を含めると3回目の面接である。自分から怪我のことを話す。マラソン大会の前の体育、前日から足の付け根が痛かったが、無理して走った。コーチが見ていた。いつも1番なのに、抜かれて、悔しくて無理して走った。5周走ったところで倒れ込み、後は覚えていないという。

　樹木画、風景構成法を実施する。樹木画は「木ですか？」と言って、小さめだが幹の太い、ずんぐりむっくりした木を描く（図27－①）。風景構成法はお椀を並べたような山、宙ぶらりんのような道、マッチ箱のような家、マンガのような猫など、ややリアリティに欠ける印象（図27－②）。

　第4回（6月①）　箱庭に誘うと応じるが、「どうしていいかわからない。想像力ないから」と言いつつ置いていく（図27－③、口絵13）。海と浜辺の情景をつくる。しかし海は狭く閉ざされていて水が少なく、船や魚は陸に打ち上げられたような格好となり、身動きがとれない。今の彼女の状況を表しているようにも見える。最後に白い帽子を置いて、

図27－①

第2章　自分自身の人生の物語をつくり上げていった子どもたち

図27−②

図27−③

「小さい頃、女の子ってこういうので遊びますよね。でも私、全然興味なかった」「だから、こういうのを置いてみたかったんです」と言う。「置いてみたい」という気持ちを素直に出せたことを支持し、こういう気持ちを大切にしようと伝える。

　第5回（6月②）　体を動かしたいというので、体育館で軽運動。何をやる

か聞くと、倉庫に行き、ボールを手に取る。「なつかしいな」とつぶやく。バレー、テニス、バドミントン……車いすに乗ったままだが、私が相手をすると、上半身だけでどれも上手にやる。負けず嫌いのようで、バドミントンでは車いすながらビシビシ打ってくる。母がバドミントンの選手だったということもあり、少しやったことがあると言う。20分ほどやって、汗びっしょりになり、「楽しかった」。本人はタオルやハンカチは持っておらず、近くで見ていた友達がタオルを貸してくれる。

　面接室に戻って話をする。「バド楽しかった。自分は負けず嫌い。小学校のとき、野球をやっていた。周りはみんな男で、女は1人だった。体を動かすのが好き。今は運動ができないので寂しい。夢を最近よく見る。母が死んでしまうとか、病気になるとか、涙で目が覚める」。また、「バスケは周りがみんなレベルが上だった。自分はだめ。レギュラーとれるかわからない」「コーチは自分を認めていない、くず扱いする」と前籍校での体験を語る。

　箱庭は今日はやらないというので、俳句イメージ法①に誘う。「コスモスを離れし蝶に谷深し」（水原秋桜子）を提示し、この句からイメージするものを自由に絵や物語に書（描）いてもらう。作文は苦手なんだと言いながら、でも国語と違い文章の上手下手は関係ないと言うと安心して書き始める。情景が浮かんでくるか聞くと、「はい」と言ってどんどん書いていく。

　1匹の真っ白い蝶が谷を探しに旅に出る。蝶が探している谷の奥深くには、自分と同じ真っ白なコスモス畑があるという。それを見つけられた蝶は1匹もおらず、行く先々の困難に負けて死んでしまう。蝶は何日もかけて目的の場所にたどり着くが、谷の底は真っ暗で、この奥深くに真っ白なコスモスがあるかどうかわからない。これまで出会ったことがないような、変な生き物たちがたくさんいる。飛ぶだけで戦うことのできない蝶は必死に逃げるしかない。……どれくらいの時がたったかわからないある日、蝶の体力も限界に来た頃、目の前の壁に一輪の白いコスモス、さらに進むとそこは一面の白いコスモス畑だった。蝶はやっとの思いでそこにたどり着き、思う存分花の蜜を飲むことができた。

蝶が探しているのは、自分と同じ「真っ白なコスモス」だった。その後の話し合いでのレイ子のイメージは、「純粋でとてもきれいな感じ」。白いコスモスの花言葉は、「乙女の純情」である。これまで、男の子のように生きてきた彼女が、ふと立ち止まり、自分の内面を見つめ、無意識的な世界に入り込んだときに、自分の中の女性的な部分に出会ったのだろうか。私は前回の箱庭の白い帽子のイメージと重なりつつ、そんなことを考えていた。

［レイ子は気持ちが優しく、日常生活では誰にでも気軽に声をかけ、また車いすながら何でもできるので転校してすぐに人気者になった。特別支援学校には人とうまくかかわれなかったり、場面緘黙であったりする生徒もいるが、そんな場合でもレイ子が入るとその場がなごんだ。体育でも体の動きがぎこちなく運動の経験が少ない生徒も多いが、そんな生徒たちに一つ一つ丁寧にやり方を教えてあげていた。そしてその子たちが活躍できるように、車いすから応援していた。レイ子の中で、少しずつ何かが変わろうとしているように感じられた。］

第6回（6月③）　「バドミントンをやる」と言って体育館に行く。「先週は筋肉痛になった」と準備運動をしっかりやる。「絶対負けない」と言って始める。40分間みっちり体を動かす。車いすなのでレイ子の打てる範囲のところへシャトルを返してやるのだが、上手なのでこちらが動かされる。ミスをすると大声をあげて悔しがる。さすがに体育会系とあってビシビシ打ってくるが、私もバドミントンは20年来の経験があるので技術の差は歴然である。しかしゲームではプライドの高いレイ子の心中に配慮し、1勝1敗としておいた。負けについては少々納得がいかない様子ではあったが、汗びっしょりになり、着替える。少し晴れやかな表情になる。

相談室に移動して話を聞く。SCT（文章完成テスト、学級で実施）で書いた「歩けるようになりたい」ことについて話し合う。今は自分のどこかに無理があること、現在の生き方や考え方などを立ち止まって考える機会であること、体で表現していることを違う形で表現できるとよいことなどを話し合う。それをこれから一緒に考えていこうと言うと、うなずく。

俳句イメージ法②「ちる花の海に沈んで貝となる」（松野自得）を提示する。

レイ子にはさらに深い世界で自分と対話をしてもらう必要があった。「貝」には閉ざすイメージもあるが、生徒の多くはむしろ花片が貝に変容していく過程に興味深い物語をつくる者が多く、ここでもそういったものを私は密かに期待していた。しばらく考えて「浮かんできた」と言い、「お花見のイメージなんだよな」「花びらが海に広がっている」。「正解は何ですか？」と言うので、正解があるわけではない、自由なイメージでよいと言うと、書き始める。どんどん書いていく。途中「感想みたいになっちゃった。書き直していいですか」と言って書き直すが、同じような内容。

　　桜が咲き始めるとお花見の季節がやってくる。花びらが散るにつれ人の数は多くなる。桜の下では気分が高まりお花見を楽しむ、まるで貝のようにじっとそこに居座る。……お花見の人たちが帰り始めると、お酒や食べ物、ゴミや荷物が捨てられたままで、後片付けもされていない。何で捨てるのか？　そして片付けるのはお花見をしていない人。最近はルールを守らない人がたくさんいる。そんな非常識な人がいるなら、お花見なんてなくなってしまえばいい。……しかし後片付けをしなかった人は、その後警察に呼び出されてたくさん叱られた。

　私の意図とは違い、表面的には深い海も、海の底も出てこない作品であった。その後の話し合いでは、「なぜかお花見なんだよな」と繰り返し、「なぜ捨てるのか？」「何で自分が楽しむだけ楽しんで、後は捨てていくのか」「勝手な人が多すぎる」など、怒りを口にする。花見の後の、ゴミやものを捨てて置き去りにしていく人たちに対する強い怒り、憤懣など、やり場のない気持ちが現れていることが感じられた。「捨てる」というイメージに今の彼女につながるものがあるのであろう、私はその怒りを受け止め、それを表現できたことを支持した。

　第7回（7月①）　運動を希望し、誰もいない体育館へ行く。意気込んで「バドミントンやる」「絶対勝つ」と言って始める。「ああ、緊張する〜」と言う。こちらの取りにくいところに打ってくる。相変わらず力いっぱいビシビシ

打ってくる。私も強く返すと、ますますヒートアップして打ち返してくる。そのうち、顔を真っ赤にして、叫びながら打ってくる。その様子が少し異常に感じられるほどだったが、打つたび「ワーッ、ワーッ」と大声を出しながら厳しい表情でこちらをにらんでくる。私はレイ子の怒りが自分に向けられていることを感じたが、気がつくと30分以上も打ち続けており、レイ子の手には豆ができ、ゼイゼイと肩で息をしていた。

　相談室へ移動し、一息つくと穏やかな表情になる。晴れ晴れとしている。箱庭に誘う（図27−④）。「何つくろうかな？」「前と同じようになっちゃう。私、発想ないから」と言う。初め、右上に向かってサーッと道を引く。そこに、森を置く。森の中、道を行くと湖のようなところ。「別荘地。私はここにいる。理想のようなところ。犬は好きではないが、猫だと変なので犬」。別荘地は犬なのだとか。犬は「おとなしくて従順」と言う。自分の中の動物的な部分は飼いならされ、未来に向かって道がついてきたのかな、という印象を抱く。

　第8回（7月②）　バドミントンで40分ほど汗を流す。今回は淡々と、笑顔でラリーを続ける。いつもなら早々に試合をしましょうと誘ってくるところだが、この回はさまざまなバリエーションで練習した後、私を右に左に動かすなどして楽しんでいた。

図27−④

相談室へ戻ると「やりましょう」と言って物語をつくる。意欲的である。俳句イメージ法③「分け入っても分け入っても青い山」（種田山頭火）を提示する。行く手には青々とした山々が果てしなく広がっているイメージであり、人生そのものを感じさせる句である。この句を提示したのは、今の彼女にとってぴったりな気がしたのだが、私の中に前回の箱庭のイメージが残っていたのかもしれない。レイ子はしばらく句を眺めていたが、やがて書き始めた。

　　初めて訪れたこの山はとても大きく広かった。進んでも進んでも、目の前には青々とした木や草しかない。いろいろな動物や昆虫の鳴き声が聞こえる。そこで1匹の不思議な生き物に出会った。私をじっと見つめて、「ついてきて」と言いたそうな目をしていた。その生き物が走り出したので私はついて行った。走っても走っても木や草ばかり、疲れて追いつけなくなったとき、生き物がやっと止まった。息を切らして顔を上げるとそこには……青い空がきれいに映っている。美しい湖が広がっている。とてもきれいで声も出なかった。いつの間にか不思議な生き物はいなくなっており、私は一人でその湖を楽しみ、リラックスすることができた。不思議な生き物は、自分の心の中の何かだったのかもしれない。

　「1匹の不思議な生き物」が「私」を導いてくれた。私は、マラソンで倒れた日の話を思い出していた。物語について聴いていくと、「走っても走っても追いつけずにもうだめだと思ったとき、目の前には青い空と美しい湖が広がっていた」のだという。走るのが誰よりも得意なレイ子が、走っても走っても追いつけないものがあると知ったとき、この湖は現われたのである。それは心の内なる泉と言ってもよいであろう。レイ子の中に、大切なものが見つかったことを喜ばしく思い、「心の中の何か」に出会えたことを祝福した。晴れ晴れとした表情からは、これまでレイ子の上に覆いかぶさっていた暗雲が取り払われていくような気がした。
　［この後数日して、レイ子は教室で車いすから立ち上がる。］
　第9回（7月③）　樹木画を実施。たくさんの実のある木を描く（図27-⑤）。

地面もなく、樹冠には隙間もあってまだまだ不安定で危うい木ではあるが、前回よりも大きくなった。多くの実はレイ子にとっては自らの人生で大切なものを獲得したという意味だろうか。

　風景構成法を実施（図27－⑥）。山の上から、川が流れる。道を描いたとき、川にぶつかり、「つなげたいつなげたい、橋を描いていいですか？」と橋を描く。川下の3羽のひよこは「カルガモだったんだけど、色を塗ってたらひよこになっちゃった」と言う。ほかに描き足したいものは、「車、太陽」。

　［この後、夏休みを挟んで、身体的にはすっかり元の状態に戻る。夏休み明けに高校の文化祭を見学に行く。］

図27－⑤

図27－⑥

第10回（9月）　体育館でバドミントン。車いすではない、通常の対戦である。「今日は勝てるかもしれない」「さあ、やりましょう」と、やる気満々。1ゲーム目を負けて、悔しそうにしているが、2ゲーム目を勝たせてやると喜んだ。今回も1勝1敗。以前のようなピリピリした感じや激しい感じはなく、終始運動を楽しめた。

相談室で話を聞く。高校の文化祭に行ったことについて。「門でコーチに会った。でも最初に会ってよかった。今年は戻らないと伝えた。友達に会えて楽しかった」「今年は戻らないことは決めている。ここから進学してもよい。福祉関係に進みたい。介護福祉士になりたい」と言った。目標ができてよかったと伝え、ちょうど学校の区切りである前期が終了することもあり、私との自立活動での個別面接はこの回で終了となった。

［その後、レイ子は高校2年の修了時まで特別支援学校で過ごし、元の高校へ戻った。その後も運動会や文化祭へもよく顔を出したが、卒業後は希望通り福祉系の大学へ進み、現在は介護福祉士を目指して勉強中である。］

（3）考察──レイ子の変容を促したもの

レイ子は幼い頃からスポーツ万能で、男の子の中に混じって活発に動き回り、運動に没頭してきた。女の子の遊びにはまったく興味がなく、スポーツは何をやってもトップクラスだった。スポーツ推薦で入学した高校で、バスケ部の練習についていけないという挫折の経験は、レイ子にとって自らのアイデンティティを脅かすものであった。それは「自分はスポーツでは誰よりも優れている」という自己イメージ（自己像）と大きくかけ離れたものであり、とても受け入れられるものではなかった。こうした耐えがたい苦痛や葛藤が無意識下に抑圧され、身体症状に置き換わることで自我を守ろうとする働きによってレイ子の転換性障害は発症したと考えられる。

特別支援学校の世界はこれまでの競争の世界とは違って、さまざまな生徒がその病気や障害に合わせて心から運動を楽しんでいた。第1回の面接の日が特別支援学校の運動会の日であったことも不思議なコンステレーション

（布置）を感じさせる。レイ子はこんな世界もあるのかと感じ、「ここならやっていけそう」と思う。授業を見学し、一人一人に合わせたゆったりした生活に接して目を見開かれたのであろう、本校に転校することを決める。疾病利得という点からすれば、本校に避難することでバスケやコーチからは離れられる。しかし、この時点でレイ子は当然そのことを意識していない。レイ子はこの、これまでの価値観とは隔絶された空間で、自分自身を見つめ、自分と対話を始めることになる。

第4回の箱庭（図27-③）では、岸や陸に打ち上げられた船や魚にレイ子の干上がった心が、閉ざされた海にレイ子の閉塞状況が現れているように感じられるが、一方、最後に浜辺に置いた白い帽子が印象的である。浜辺は意識と無意識が交差するところである。「こういうのを置いてみたかった」というのは、これまで生きてこられなかったレイ子の女性性の現れであり、無意識からの後押しであると言えよう。

第5回の俳句イメージ法①では、蝶は谷を探しに旅に出る。自分と同じ「白い」色をしたコスモス。それは自分のまだ生きていない側面を探しに行く、自分探しの旅でもあった。俳句イメージ法では多くの場合、「コスモスを」の句をまず提示する。それはこの句が多義的で象徴性に富んでおり、無意識の世界に開かれているからである。「コスモス」は宇宙的な広がりを、「蝶」はプシケー（たましい）を表し、「谷深し」は深い次元に開かれている感じがある。私はここに、始まりやこれからの旅の道のりなどの暗示を見ている。蝶の旅は、それまで目的地に行き着いたものが一人もなく、途中には「変な生き物たち」がたくさんいて、困難を極める。しかしそれを乗り越えることによって初めて「白いコスモス」に出会え、蜜が飲めるのである。飛ぶだけで戦う力のない蝶は、必死に逃げるしかない。それはまさに自分との戦いであった。この戦いの意味を、レイ子の無意識はすでに前回の箱庭に白い帽子を置くことによって見出していたようにも感じられる。

この回ではまた、喪失の悲しみが語られる。母が死んでしまったり病気になる夢、そして自分が最も自信を持っていたバスケで、周りはみんなレベルが上、自分はレギュラーになれるかわからない。それは自身のアイデンティ

ティを揺るがすことであった。バスケによる推薦入試で入学した高校で、コーチには「バスケを辞めることは学校を辞めることだ」と言われる。

第6回で書いたお花見の話はレイ子の大人に対する怒りに満ちているとも読み取れる。花の盛りにさんざん楽しんだ後は、後片付けもせずに、ゴミや物を捨てていく。それは活躍しているときにはちやほやされる選手が、盛りを過ぎると捨てられるスポーツの世界を表しているとも受け取れる。「なぜ捨てるのか？」という問いは怒りであり抗議であるとも言える。伊藤は、ヒステリーの状態では言葉と無意識的なものが一致すると述べている（山中他, 2011）。「なぜ捨てるのか？」という問いは、選手として咲くはずの自分を踏みにじり切り捨てたコーチへの怒りであり抗議ではないだろうか。

その怒りは第7回のバドミントンでは身体を通して表わされる。私に対して我を忘れて打ち込んでくる様子は常軌を逸するものがあったが、まさに心の状況が身体の動きを通して現れていると言ってもよい。しかしそれは同時に心の解放であり、カタルシスでもあった。私はその怒りを正面から受け止め支えた。その後の箱庭（図27－④）では、森を抜けるとそこには理想の世界が広がっている。行き着いた場所は自分の内なる泉とも言えるような湖であった。別荘地で柵を挟んで向かい合うおとなしく従順な犬からは、怒りがコントロールされ、飼いならされていることを感じる。

第7回で現れた湖はそのまま第8回の湖ともつながっている。ここまでレイ子は「不思議な生き物」に連れられてきた。それはレイ子自身が「私の心の中の何か」と言うように、レイ子を導く無意識的な何かなのであろう。河合（1976）は、地界への下降の中で、無意識の世界における動物の援助の重要性を述べているが、俳句イメージ法でも生徒の作品には動物がたびたび現れて物語の進行に重要な役割を果たす場合が多い。第5回でも「これまで出会ったことがないような変な生き物」がたくさん現れて蝶を追いまわし、蝶が「逃げる」ことで結果的に目的地に導いているし、ここでも「不思議な生き物」が現れ「私」を目的地へと誘う。それはまさに元型的なイメージと関連するものと言ってよいであろう。レイ子はこの不思議な生き物に導かれ、走っても走っても追いつけないものがあるという、自分の限界を教えられ

る。しかし、そう気づいたときに、この湖は現れたのである。それは一番でなくても、優れていなくても、ありのままの現実を受け入れることであった。この湖で、レイ子はこころゆくまでゆったりと楽しみ、リラックスすることができた。

その数日後、レイ子の症状は消えていき、立ち上がることができた。身体的には回復し、すぐにでも高校に戻ることもできたが、コーチや先輩に会うことを避け、あえてそこから逃げることによって自らを守ることを選択する。自分の弱さや自分の負けを受容できるようになったのだ。意識的に逃げられるようになったレイ子にとって、症状が消えていくことは必然であった。

ただ、レイ子のこうした変化はまだ確実なものではない。第9回の風景構成法（図27－⑥）では、カルガモを描こうと思っていたのに、色を塗っていたらひよこになってしまう。レイ子の自我はまだまだひよこであり、これから発展していく必要があることを無意識は教えている。

この後、夏休みを挟んでレイ子は高校の文化祭へ行き、門でたまたま出会ったコーチに今年は帰らないことをはっきり伝えている。青木（2001）は、ヒステリーの治療で大切なことは「逃げられるようになる、嫌なことを避けられるようになること」と述べているが、レイ子がコーチに向かって「今年は帰らない」と宣言したことは、ある意味で自分の負けを認め、今の自分を受容することができたことでもある。

レイ子を脅かし、押しつぶしていた自己イメージからの解放、「強く優れた自分」「いつも一番の自分」「負けない自分」「逃げない自分」、それらは特別支援学校での生活を背景として、箱庭や物語づくり、身体運動を通して少しずつ変容していったと考えられる。箱庭や物語で出会った自分の中の「女性性」は、レイ子のアイデンティティの再構築という点で大きな意味を持っていた。スポーツでいつも一番で中心にいたレイ子は、運動の苦手な子どもたちを支える脇役となった。強い者だけでなく、弱い者にも目を向けられるようになったことは、同時に自分の弱さや優しさを見つめることにもなった。

バドミントンを1勝1敗でおさめる、ということも大切な意味を持っている。それは、それまで「絶対勝つ」と言って譲らなかったレイ子が、勝つと

きもあれば負けるときもある、ということを受け入れることであった。こうした遊びはまた、「合理的かつ統制された攻撃性の表現」（岡田，1984）としても意味づけられる。レイ子にとっては抑圧した怒り（陰性感情）を表出することが必要であったが、物語づくりとともに身体運動で怒りを安全に表出できたこと、そして治療者がそれを受け止め、何を言っても、怒りをぶつけても、見捨てられない体験をすることができたことは大きい。

　こうした一連の経過の中で、レイ子は自己イメージを変容していくことができたのである。

第2章　自分自身の人生の物語をつくり上げていった子どもたち

3

こころの声に導かれて
一歩を踏み出したゆう子

(1) しゃべることを放棄した子ども

　ゆう子は中学3年生。学校へは放課後、生徒がいなくなってから担任のところへ行き、顔を合わせないまま、課題だけもらう。家では日中それをやって過ごす。学校へは母が付き添って行くが、一言もしゃべらない。進路選択にあたって病院を受診し、場面緘黙、社交不安障害、アスペルガー症候群と診断される。

　母によれば、幼い頃は活発な子で、普通に遊び、しゃべった。かけ足も速く、3歳から始めたバレエではリーダー格だった。小学1年生の2学期までは普通に通学できたが、運動会のリレーで自分が転んで負けたことをきっかけにまったくしゃべらなくなり、登校も渋るようになる。卒園生の招待リレーにも、本当は一番速いのに、「私は足が遅いので、走れません」と決して出ようとはしなかった。

　その後、小学校は母の付き添いで何とか登校できたが、中学1年生の途中から昼間は学校へ行けなくなる。毎日、新聞を隅から隅まで読む。仲の良い友達が数人、家に遊びに来て、その子たちとは普通に話す。動物が好きで、いろいろなものを飼っている。将来は動物にかかわる仕事（できれば獣医）をしたいと思っている。猫の出産に際して、一人で全部世話をしてしまうほどだという。ピアノを幼い頃少し習い、その後、中学1年生の5月から現在まで母の付き添いでレッスンに行っている。

146

家族は父、母、兄、姉と5人家族。大学の生物系に入学したばかりの兄とは仲が良く、動物好きは共通している。中学3年生の6月から通級による指導で特別支援学校に週1回来るようになる。私は、通級担当という立場で面接を行った。

(2) 週1回のカウンセリングの中で

面接は25回にわたって行われた。多少長くなるので、ここではゆう子の変容の様子を大きく4期に分けて紹介する。

〈第1期──混沌の世界から形の生成へ〉

第1回（6月）　初回来校時、相談室で硬くなって私を待っている。身なりはきちんとして、姿勢もいい。色白で、顔立ちは整って美しい。まったく口を開かず、表情もなく、蝋人形のよう。かたくなに一点をじっと見つめている。通級の制度を説明し、やってみたいことなど案を示しながら聞いていく。母に促され、かすかに指先が動いたかに見えた。箱庭に誘う。好きなものを置いてごらんと言うが、身動きせず、10分ぐらい沈黙。グッズを食い入るように見つめている。気になるものがあるか紙に書いて聞くと、指で「ある」をかすかに示す。動物、魚、その他を問うと動物を示す。また置けるときに置こうということになる。

運動は大好きということなので、体育館へ行き、「風船バレー」を紹介する。女性職員を交えて私と母でパスする。直径80センチほどの大きな風船なので、ふわりと浮く。3人が楽しく打ち合うのをじっと見ているだけだったが、たまたまゆう子の顔のところに風船が飛んでいくと、手を出す。それをつないでパスをすると、打ち返す。それをきっかけにみんなとパスが始まる。だんだん動きがよくなり顔も上気してくる。お昼を過ぎて終了。

第2回（7月①）　前回持ち帰った活動内容のアンケートには風船バレー、バドミントン、箱庭等に〇がついており、まず体育館で風船バレーを行う。途中で風船を2個にするとみんな大忙しとなり、おかしそうに顔を隠して笑

う。私のほうに何度もパスしてくる。休憩後もまたやりたそうだったので1時間くらい行う。相談室に戻り雑談。母から、小さい頃スキーなど始めたら顔が凍るまでやめない、図書室で本がバラバラだと気になって番号順に直していたなどのエピソードが語られる。その後箱庭に誘うがなかなか置けず、母に促される。「置きたいものは？」の問いに、母の手を持って取らせようとするが、思うようにいかず終わりになる。

第3回（7月②）　面接後の病院受診が憂鬱で、やや遅れて来校。本校に来ること自体は楽しいと思っている、と母。風船バレーで楽しくプレーする。その後、相談室へ行き、母は外で女性職員と面談。箱庭に誘うが、動きがない。砂を触るよう促したり、動物を一つ一つ聞いたりしたが身動きしない。終わりにすることを伝えると、何となく納得していなさそうにも見えた。母によると、本人は「箱庭のイメージはあるが、人が見ていると置けない。前回のイメージもしっかりあって、何を置こうというのもある」という。

　私は外へ出ていることにする。しばらくするとできたという（図29−①a、b）。母の通訳で「海辺の光景。海亀が卵を産んでいる場面。海はとてもきれいな海。きらきら輝いている」という。この海亀は子どもの剥製である。母には「でもこの海亀、赤ちゃんだから卵産まないんだけどな」と言った。

　前回のイメージもあるというので、別の箱庭につくってもらう（図29−②）。「ヒョウとワニが戦っている。でもなぜ戦っているか理由はわからない。ウサギが逃げていくが、なぜ逃げていくかわからない。水は汚い水。気になっているのは、動物の種類と地域が合っているかどうかということ」。初めての箱庭で、海亀の卵にせよ、動物の種類にせよ、現実的に見てどうかを気にしていた。また、なぜ自分がこういうふうに置きたくなるのかが不思議なようだった。何を置くかはあまり現実的に考えなくてもよいこと、心の世界なので、どういうふうに置いても決まりはないので気にしないでよいことを伝えた。

第4回（7月③）　バドミントンを用意しておく。やってみる？と聞くとコクリとうなずく。笑みも出る。途中、空振りして「あっ」と言う。コートの反対側にも聞こえるほど大きな声だった。相談室で、箱庭やりますか？と聞

3 こころの声に導かれて一歩を踏み出したゆう子

図29-①a

図29-①b（拡大）

図29-②

くと、大きくうなずく。私と母は外に出ている。しばらくして出来上がる（図29-③）。「牛の赤ちゃんが生まれたばかり。母親と同じで模様がおしりにある」「みんな雌の牛。とても明るくてすばらしい場所」と母を通じて伝える。その後、雑談。今日はバドミントンして楽しかった？と聞くとコクリとうなずく。母によると、中学校では、「囲いの中では大丈夫」だが、「囲いの外は、ムリ、ムリ」と言っているとのこと。

149

第2章　自分自身の人生の物語をつくり上げていった子どもたち

　第5回（9月①）　夏休みを挟んで1ヶ月ぶりに来校、相談室へ。母から、夏休みの様子について聞く。家での近所の人たちの集まりにも顔を出せたという。体がなまっているというので、隣のプレールームで軽く運動をする。その後、相談室で箱庭（図29－④）。水たまりに親子象。サイ、猿たちも来る。「すがすがしい、さわやか、すこやか」なイメージだという。オアシスを思わせる。この通級指導教室も、ゆう子にとってのオアシスなのではないだろうかと感じる。

図29－③

図29－④

3　こころの声に導かれて一歩を踏み出したゆう子

第6回（9月②）　体育館でバドミントン。母と女性職員も入り、ゲームで盛り上がる。途中で人が来るが、気にせず続ける。その後、相談室で箱庭（図29－⑤a、b）。完成すると戸を開けて外にいる私に合図をする。「運動会をしている。豚は双子、スタートしたが1匹が『走らない』と言っているのでもう1匹がなだめている。父母豚が心配そうにしている。母象が気合いを入れて子象を応援している。ほかにキリン、羊なども親が応援している」と母を通じて伝える。箱庭は小さな動物の足跡まで細かくつくってある。現実でも、一昨日は運動会だった。校舎の上階から校庭がよく見えるところで見学した。走るのも速いし出たかったと思う、と母。

第7回（9月③）　バドミントンの後、相談室へ。家から前回の箱庭の物語を持ってくる。見られるのが恥ずかしいというので、箱庭をつくっている間に読むことにする。用紙2枚にびっしり書いてあり、まだ続きがあるとのこと。母が「日記、作文は書けないんですけど」と言う。題は「秘密の運動会」。森の奥深くで、動物たちが運動会をしている様子が生き生きと描かれ、楽しいお話になっている。

今回の箱庭は海。縦に見てほしいという。海中の様子が、断面図になっている。魚やカニ、エビ、貝など海の中が表現されている。

図29－⑤a

図29－⑤b（拡大）

第2章　自分自身の人生の物語をつくり上げていった子どもたち

〈第2期——出立と内界への旅、生命の躍動〉

第8回（10月①）　母子とも体操服姿で時間より早く来校。すぐにバドミントンを始める。母子ともども楽しくプレーする。満足した様子で表情もよい。

その後、相談室で箱庭。30分以上かけて、砂漠を行くラクダをつくる（図29−⑥）。「ラクダは子ども。独り立ちしようとしている」。題やお話があるというので書いてもらう。題は「うるおいをもとめて」。

　　ボクは何も考えずサバクを歩いていた。ただ、わかっていることは、「水」をさがしているということだ。ボクはサバクで生まれ、サバクで育った。父と母は人間の荷物を運ぶ仕事をしていた。小さかったときは母の後ろをついていくだけだったが、成長すると荷物を載せられた。成長するにつれ、荷物は重くなっていった。（中略：休憩時、ボクはすきを見て逃げる）両親には「ごめん」とだけ残して。そして今に至る。これが自由。ボクは今も歩き続ける。うるおいをもとめて。

ゆう子はまさに自立に向かって、旅に出たのだ。母によると、本校では他の生徒や先生がいても大丈夫。中学校では考えられないと言う。

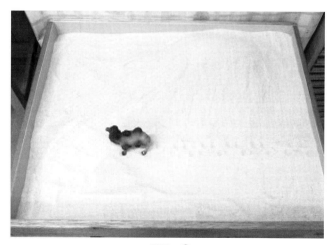

図29−⑥

3 こころの声に導かれて一歩を踏み出したゆう子

第9回（10月②）　すぐにバドミントン。時折強く打ってくる。失敗すると照れくさそうにする。その後、箱庭（図29－⑦）。上部中央にマリア様と天使。マリア様の前には男の子と犬。周囲には兵士がしっかりと守りを固めている。母によると、学校で理科の先生に４月からずっと疑問だったことを聞いた。緊張で脳貧血を起こし、倒れる寸前になった。これまでは自分で「帰る」と合図を出していたが、今回は頑張って我慢していた。これまで先生と相対することはできず２メートル以上近寄れなかったが、今回は対面していた。変わってきている、と言う。

第10回（11月①）　バドミントン。積極的に打ってくる。母のところへ来たシャトルも前に出て打つ。女性職員に強いのを打たれ、後ろを向いて苦笑い。その後、相談室で箱庭（図29－⑧）。題は「深海」。中心にはかつて沈められたバスが漁礁として横たわっている。魚は長く住んでいる。船は沈没したものでこれも漁礁となっているという。相談室のブラインドが閉まっていたので開ける。明るくなる。ふと、明るくしてはいけなかったような気がしたので、明るくしないほうがよかった？と聞くと、うなずく。心の深い部分の表現であると感じ、再びブラインドを閉めた。

第11回（11月②）　来校後すぐバドミントン。今日は組み合わせを変えて

図29－⑦

第2章　自分自身の人生の物語をつくり上げていった子どもたち

図29-⑧

やりたいと希望し、女性職員と組む。私と組んだ母がミスするたび、おかしそうにする。その後、相談室で雑談。私の冗談に思わず笑う。その後、箱庭をつくる。その間、外で母の話を聞く。最近、ここへ来ても疲れたと言わなくなった。前は帰るとばったり倒れて寝てしまった。箱庭のことは、帰りの車で母が「つくる前にイメージがあるの？　つくりながら出てくるの？」と聞くと、「つくりながら出てくるような気がする」と言ったとのこと。姉も不登校の経験があるという話の途中で箱庭が出来上がり、中座。箱庭は4つの世界(図29-⑨、口絵17)。別々の世界というのではないという。真ん中は卵。何かが生まれようとしている。私は、箱庭はとても深い「命のつながり」のようなものを感じ、感動を覚えた。題やお話が「ある」というので書いてもらう。題は「僕は……」である。

　僕は卵であり種で、自分でも何になるのかわからない。木なのか、鳥なのか、花に寄る虫なのか、それとも恐竜なのか……。(中略)僕が何なのかわからないけれど、木でも、鳥でも、花でも、虫でも、恐竜でも、懸命に生きよう。

3　こころの声に導かれて一歩を踏み出したゆう子

図29−⑨

　第12回（11月③）　来校後すぐバドミントン。ゲームでは女性職員とハイタッチをし、歯を見せて笑う。その後、箱庭。日本庭園をつくる。池の周りに石で縁取りがある。母によると、最近、中学校で顔を挙げて黒板を見られるようになった。首を振って意思表示ができるようになった。ピアノのレッスンに一人で行けたとのこと。箱庭の後、母は病院へ診断書を取りに行くことになっており、本人も了解のもと外出する。今後も母は少しずつ場を離れることにする。

　第13回（12月①）　すぐバドミントン。女性職員と組み、ハイタッチ、笑顔も見られる。その後、相談室で箱庭。自分の理想の部屋をつくる。クリスマスが近いこともあり、真ん中にツリー、ほかに玄関、キッチン、ブランコなどがあり、動物がいる。「夢の部屋」と題した詩を書く。概要は次のようであった。

　　……動物は部屋の中で放し飼い、私が帰るとみんな集まってくる。（中略）私の部屋でこだわったのがある。それは、床が土なのだ。これは、みんなができるだけ自然の中を楽しんでくれるように特別につくっても

らったのだ！……

　母によると、11月から週1回、中学校に昼間も行けるようになった。先生に「昼間ゆう子を見るのは新鮮」と言われたりする。用意してくれた教室に一人でいられる。弁当も友達数人と食べられるようになり、仲のいい子とはしゃべっている。母がいなくても大丈夫になった、とのこと。

　［翌日、担任の先生より電話がある。最近変化が見られ、うなずいて意思表示することが増えてきた。放課後の個別音楽で、ピアノは弾けなかったが、先生と一緒に小さな声だが歌が歌えた。学校としては特に何もしていないがゆう子の変化に驚いている、とのこと。］

　第14回（12月②）　今日はバレーをすると言い、風船ではなく、硬いボールでバレーをする。正確なパスを送ってくる。パスが長く続く。その後、相談室で箱庭（図29－⑩）。題は「太陽」。太陽のイメージを書いてもらう。「赤、あたたかい、大きい、丸い、命の源、生命にとってなくてはならないもの」。母によると、中学校でも、担任、体育、英語など6人の先生とバレーをやった。帰り道、「やっぱり、体育好きだわ、私」と言った。最近、地域のマラソン大会のボランティアに誘われ、応募した。前なら自分からOKすること

図29－⑩

など絶対になかったと母は言う。

　第15回（12月③）　体育館でバドミントン。私と組み、積極的にガンガン打ち、終始笑顔である。その後、相談室へ向かう。母が、今日は校外へ出ていると言うとうなずく。箱庭ができると部屋から出てくる。一緒に座って眺める。中央にサンタとクリスマスツリー、その周りを馬車が回る。左上に海と船乗り場。くぐると願いがかなう橋。右上にはジェットコースターが回り、左下にはレストラン。どうやらここは遊園地らしい。「星の国」という説明図をくれる。次回、1ヶ月以上空いてしまうので、「コスモスを離れし蝶に谷深し」（水原秋桜子）という俳句を見せて、冬休み中、ここからお話をつくってくれるか聞くと、かすかにうなずくので、渡しておく。

〈第3期──視野の広がりと外への開かれ〉

　第16回（翌年1月①）　冬休み明け、初めての来校。本校の高等部を受験することになったため、願書を提出する。相談室で雑談。冬休みにマラソン大会のお茶入れや菓子配りなどをやって楽しかったことなどが母を通じて語られる。俳句からの物語を提出する。谷から谷を埋め尽くす紅葉の中、キアゲハの視点で、上空から山頂、谷の深いところまで見ながら飛ぶという内容である。空から全体を見渡すように、ゆう子の視点が広がってきたような好ましさを感じた。

　箱庭は海の中をつくる。サンゴや貝、ヒトデ、カニ、熱帯魚がいる。目を引くのは、中央やや右寄りにイルカが、透明の容器の上に立体的に置かれ、宙に浮いているようである。ゆう子としてはイルカがジャンプした様子を工夫して表したようで、かなり気に入っているらしい。

　第17回（翌年1月②）　体育館でバドミントン。他の教師が1人、2人と現れ、ゆう子はちらと見るが構わず続ける。ついにはコートの近くに腰を下ろして見学するが、そのまま続けることができた。

　その後、相談室で箱庭。題は「大自然」。キリンがたたずみ、サイは草をはみ、親子連れの象が悠々と歩き回る。クルーザーが1台、はじのほうを通り抜けようとしている。書いてくれたメモには、「車からの目線はまた違う

景色。動物たちが自分よりも大きく見える。椅子の上からの景色は、まるでアフリカの大自然をヘリコプターで見るような景色。いろいろな角度からの自然、動物たちをお楽しみください」とある。「椅子の上」とあるのは、私がいつも、最後に椅子の上に立って写真を撮ったりしているのを知っているのである。

第18回（翌年2月①）　バドミントン。「スマッシュの練習をしたい」と希望し、フォームを教える。勘がいいのですぐ打てるようになる。力強くビシビシ打ってくる。箱庭は「雲の上」。左手前に色とりどりの花が咲き、地面には花が散らばり、2人の天使が座っている。右上には高い黒岩の上に白頭鷲が様子をうかがっている。その下に黒猫、黒蛇がおり、不穏な空気も感じる。右下隅と左上隅には蓮の花。右下隅の蓮には蝶が止まっている。俯瞰する作品が増えていたが、とうとう雲の上まで行ってしまったかと思った。現実では入試が数日後に迫り、面接官は何人か、どういう形式で行われるかなど質問し、かなり気にしている様子がうかがえた。

第19回（翌年2月②）　バドミントンでゲームをする。スマッシュが多く攻撃的である。その後、相談室で箱庭。いつもより早く出来上がる。題は「自分の住みたい家と庭」。広大な庭で、右側の牧場には馬が2頭、走り回っている。左側は牧草地で、牛やヤギ、羊が放し飼いになっている。上のほうに自分の家や車が小さく並んでいる。入試を目前に控えているが、話題には出ない。

第20回（翌年2月③）　入試後初めての来校。バドミントン。スマッシュをビシビシ打つ。ゲームでも攻撃的である。

　その後の箱庭は大変な混乱状態。家、塔は傾き、バス、車は転倒、立ち往生したトラックからは豚が逃げ出す。パトカーが急いで駆けつけるがそれも混乱、人間はみんないなくなる。そこへトラが現れ、子豚に遭遇、子豚が怖い思いをしているのに親豚は気づかず草をはんでいる。というのが母を通した大体の説明である。その後、母との話では、入試の日は朝から大混乱で、電車で行くはずが駅で車から降りられず、送って行った父と言い合いになり、急きょ車で来校、入試は何とか受けられたものの、知らない子や親と一緒の昼食、校長室での面接など、ゆう子にとっては大変な一日だったようで

3 こころの声に導かれて一歩を踏み出したゆう子

ある。母は、箱庭の子豚の様子から、自分が苦しい気持ちに寄り添ってやれなかったとしきりに反省していた。

第21回（翌年2月④） 入試合格の発表時に臨時で面接。相談室で箱庭をつくりたいと希望した。題は「うれしいとみんなうれしい」（図29－⑪）。正面奥にお雛様とお内裏様が座っている。結婚式らしい。全体に色とりどりの花が華やかに咲き、友達や動物たちがお祝いに駆けつけている。

第22回（翌年2月⑤） バドミントンの後、相談室で箱庭。「女の子の家」。上部中央の小さな家の前は公園になっており、いろいろな動物が来ている。中央に丸い円座があり、そこにベンチが背中合わせに置かれ、片方には犬が寝そべっている。自分だけの世界に住んでいたゆう子が、公共の場に開かれ、いろいろなものが出入りでき、ゆったりと遊べるというイメージを持てたことに好ましいものを感じた。母からは、中学校では先生に入試でどんな問題が出たか聞かれ、言葉で説明することができたこと、卒業写真をクラスの友達と一緒に撮ることができたことが伝えられた。帰り際、外で雑談をしているとき、突然、目の前の木から蝶が飛び立った。私はつい、ゆう子も飛び立つときが来た、という意味のことを言っていた。

図29－⑪

159

〈**第4期──選択と決断、自立性の確立**〉

第23回（翌年3月①）　バドミントンでは新しい技を覚え、追い込まれてもひるまずスマッシュで攻撃してきた。箱庭（図29－⑫a、b、口絵18a、b）、題は「道」。道が2つに分かれている。天使が見守る中、それぞれ、どちらかの方向に進んでいく。分かれ道で立ち止まる黒猫。早く行こうと誘う三毛猫。鳥

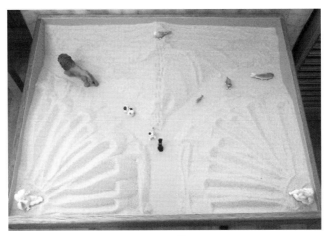

図29－⑫a

図29－⑫b（拡大）

3　こころの声に導かれて一歩を踏み出したゆう子

が、丘の上で問いかける。ゆう子はこんな詩を書いた。

　　鳥　　　「キミは皆と同じ道でいいのかい？」
　　黒ネコ　「……」
　　鳥　　　「ボクは自分の道を行くよ」
　　ネコたち「キミー、はやくいこうよー」
　　……
　　黒ネコ　「ボクは……」
　　鳥　　　「なに？　きこえないよ」
　　ネコたち「ねえキミー！　きいてるのー？　はやくいこうよー」
　　黒ネコ　「ボクも、自分の道を行くよ!!」

　第24回（翌年3月②）　バドミントン。笑顔が多く出る。箱庭は「かごの中の鳥」（図29 – ⑬）。隣接する2つの輪をつくる。1つには前回丘の上にいた黄色い鳥と、金色の香炉。もう1つには金の輪をくぐって飛び立とうとする赤、青、空色の3色の鳥。右上には森とフクロウ、左下には「喜びのかけら」が

図29 – ⑬

第2章　自分自身の人生の物語をつくり上げていった子どもたち

入った巻貝と、しっかり閉じた二枚貝が置かれる。ほかに白いアヒルと黒い水鳥が2羽ずつ。ゆう子はそれらの意味を、紙に図入りで書いてくれた。金色の香炉は「死」を意味し、このかごは悲しみと不安を表わす。鳥はボーッとしている。もう1つのかごは「楽」を表わす。2つのかごは「くっついているが、分かれている」という。森は闇と誘惑を表わし、貝は「喜び」と「閉ざす」を表わす。かごの外の黒い鳥は「無」、振り返っている白い鳥は「呼ぶ」だという。ゆう子の心の深い部分が現れていると感じた。

第25回（翌年3月③）　バドミントン後、相談室で雑談。卒業式には出られなかったが、校長先生に別室で証書をもらったこと、友達が誘ってくれクラス写真を撮れたこと、みんなのいる教室に入れたことなどが母を通じて伝えられる。箱庭は、出発のテーマ（図29－⑭）。男が馬を連れて旅に出ていく。馬の背中には金色の輪にしっかりくくられた荷物が背負われている。しかし題名は、「どこへ行っちゃうの？」であった。出発はしたものの、ゆう子にとっても、この先自分がどこに行くか、まだまだわからないのではないかと感じた。

　［この回をもって通級指導は終了となった。新年度になり、ゆう子は特別

図29－⑭

支援学校の入学式で全校生徒や来賓の見守る中、入場することができた。そして、入学生の呼び名に小さな声だが「はい」と返事をすることができた。入学後、クラスの友達や授業者と少しずつ話をすることができている。〕

(3) 考察

①ゆう子の変容を促したもの

　ゆう子にとって、箱庭との出会いは人生の転換点とも言えるものであった。それは単に、自分を表現する手段が見つかったということにとどまらず、混沌とした内面に形を与え、自立的、主体的に生きる道を見出していく過程であった。ここではその過程を箱庭の順を追って見ていきたい。

〈第１期〉

　初めて箱庭のグッズを見たとき、ゆう子の瞳は動物や鳥や昆虫に吸い寄せられ、その模様やしわの一つ一つまでを、食い入るように見つめていた。この時点で、この動物や鳥や昆虫は、ゆう子と一体となっていたと言ってもよいかもしれない。山中(1978a)は、患者の示す興味の「窓」に同調させて、その「窓」を通して語り合っていくことが大切だとしているが、ゆう子にとってはまさに箱庭が唯一格好の「窓」となったと言える。

　初めてゆう子の中に浮かんだイメージは、汚い水の中でヒョウとワニが戦う、混沌とした世界であり、ゆう子の心的世界をよく表している。逃げていくウサギもまたゆう子そのものであろう。ゆう子自身、何で自分がこういうものを置きたくなるのかわからない、と言っているが、自分も、自分を取り巻く世界も、何者かわからないという状態なのであろう。第3回で初めて置いた作品がカメであったことは象徴的である。カメは硬い甲羅で身を覆い、手や足をすぼめ、口のきけない動物である。そのカメが卵を産んでいる。ゆう子の中に、まさに新しいものが生まれてきたことを表すものであろう。これを契機に、ゆう子の中に潜めていたものが一気にあふれ出す。次の回も子牛の誕生の場面であり、それは、新しいゆう子の誕生とも言える。

第2章　自分自身の人生の物語をつくり上げていった子どもたち

　ここで、最初の箱庭をつくる際に私が外へ出ていたことは重要である。「人が見ていると置けない」というゆう子にとって、そこが真に「自由にして保護された空間」であるためには、治療者が外にいて、外から見守ることが必要であった。そうした安心感の中で初めて、誰にも邪魔をされずに自分の世界を表現することができたのである。この分離は自然と母親との分離も促し、以後ゆう子は一人でじっくりと箱庭づくりに取り組むことになる。

　ゆう子が箱庭を置くようになるまでの、運動の意味も見逃せない。このことについては次の②で述べるが、第1回で風船がたまたまゆう子の顔のところに行き、そこからパスが始まっており、ゆう子との心のやりとりもここから始まったと言えるであろう。運動もゆう子にとっての大切な「窓」である。この後、第2回でゆう子は私に向かって何度もパスをし、次第に強く打ってくるようになるが、治療者に直接つながる形で関係を求めていると言える。第5回でつくったオアシスからは通級指導教室がゆう子の心のよりどころとして定着した様子がうかがわれる。

〈第2期〉

　第8回では、30分以上かけて出立のテーマが表される。置いたのは子どものラクダ、たった1頭であるが、大きなエネルギーを使って心の作業がなされている。「ボク」の心の重荷は成長とともに大きくなり、とうとう独り立ちして旅立つときが来たのである。砂漠の中で求める「うるおい」は、ゆう子の心の渇きをうるおすものでもあろう。ラクダは左へ向かい、ゆう子の内界へと入っていく。

　旅に出て最初に向かったのは、マリア様のところであった。そこは神聖な場所であり、じっくり対話をすることができた。2人の天使がそれをじっと聞いている。ゆう子の作品は次第に象徴性を帯びていき、こうした表現によってこそ、ゆう子は自己を表出することができていく。次に向かったのは深海であった。そこにはかつて走っていたバスが、漁礁として沈んでいる。無意識の奥深く、その漁礁には魚が長く住み、根づいていた。これまで長くゆう子の中に住み、培ってきたもの。ゆう子と親しみ、守り、醸成され、しっ

かり息づいているもの。これこそがゆう子の中核ではないだろうか。漁礁は、魚が周囲から身を守るシェルターの役割を果たす。魚は、象徴的には生命の源や復活の希望を表す。そしてそこに変容の象徴である蛇が向かっているということは、ゆう子にとって何らかの変化の前触れであると考えられる。

　第11回、中央に卵が置かれる。何になるかわからない、未知の可能性を持った卵である。そして無意識の世界から産出されたそれは、ゆう子の意識の世界でもしっかりと把握されており、「何になるかわからないが、懸命に生きよう」と心に決める。ユングは、象徴の産出は成長しようとする心の現れであるとした (Allan, 1988)。卵は、成長しようとする心の萌芽と言ってよいであろう。

　こうした一連の表現を経て、ゆう子は実生活でもめまぐるしい成長を見せる。学校では意思表示がしっかりでき、昼間も登校できる日ができ、友達と弁当が食べられるようになった。音楽では小さな声で歌も歌えている。こうした変化は周囲の人の印象も変え、ゆう子に話しかけるようにもなっている。

　第14回ではやわらかい風船のバレーではなく、硬いボールでのバレーを望んで行う。ゆう子自身にも硬い芯のような強さができ始めているようである。箱庭は太陽であり、命の源である。ゆう子の中でエネルギーがわき出し、生命が動いている。第11回、第14回は曼荼羅を表しているとも言えるが、まさに宇宙や世界の中心が表されている。第15回の箱庭では遊園地がつくられ、遊びの余裕が生まれてくる。馬車やジェットコースター、くぐって戻る橋など、円環のイメージが現れ、ここでもゆう子のエネルギーや安定感を感じる。実生活上でも余裕が出てきて、笑顔が多く見られ、活動場面に人がいても気にしない。「〜したい」と主体的に希望を伝えることが増え、運動では攻撃性も発揮するようになっている。

〈第3期〉

　冬休みを挟んで1ヶ月以上が空いてしまうため、私はここで俳句イメージ法を用いているが、これはゆう子の良い状態を途切れさせたくないという思いと、物語づくりもゆう子に適しているのではないかと考えたからである。

結果的にはこの機会だけだったが、それは上空から地上の風景を見下ろすような内容である。私は、全体を見渡せるような広い視野が持ててきたように感じたが、確かにこの頃から、ゆう子の箱庭も上空から俯瞰するような内容が増えてくる。第16回は海の中だがイルカが立体的で宙に浮いているような表現がなされ、第17回ではアフリカの大自然をヘリコプターから見るような景色、第19回でも庭でありながら牧場や牧草地が広がる雄大な景色が広がっている。一方、上空からの俯瞰は現実逃避の意味合いもあるかもしれず、第18回の雲の上の表現も、現実から離れ、不安や緊張感も感じられる点から見ると、数日後に迫った入試を恐れているとも考えられる。面接の中でも盛んに入試について気にしている。力をつけてきたといっても、ゆう子にとって入試は人生をかけた一大事である。実際、入試直後の第20回では大混乱の箱庭がつくられた。また、無事に合格してつくった第21回の箱庭ではおめでたい式典の場面がつくられ、このあたりはとてもわかりやすい。

第22回は自分の家だが、庭が公園となり、さまざまな者が出入りし、周囲に開かれている。中央には円座とベンチが置かれており、ゆう子の中にも中心となるものが出てきた様子がうかがえる。

〈第4期〉

第23回は、ゆう子にとって選択と決断の時期が来たことをうかがわせる。丘の上で鳥は、「キミは皆と同じ道でいいのかい？」と問いかける。分かれ道に立っている黒猫は、迷いながらもきっぱりと答える。「ボクも、自分の道を行くよ!!」。これは、あれかこれかの選択ではなく、そのどちらでもない、自分なりの第三の道を選択したことでもある。それは、発達障害の人が陥りやすいゼロか百かの選択ではなく、個性化の道を進んでいく創造的な行為である。ユング（Jung, 1964）によれば、鳥は「超越」や「魂」を表すとされる。丘の上の鳥の声は、まさにゆう子の心の奥、「魂」からの問いかけと言ってよいのではないだろうか。この声に導かれて、ゆう子は自らの生きる道を選択することができた。「ボクは自分の道を行く」。それは、これまで息を潜めて生きてきたゆう子が、他の追随ではなく、自らが主体となって自立的に生

きていこうとする宣言であった。

第24回では鳥はかごの中にいる。ここではいずれも2つの対立物が表現され、しかもそれらは離れているわけではなく、つながりがある。つまりその再統合が目指されていると考えることができる。そして社会は闇と誘惑に満ちており、ゆう子はそれをしっかり意識しているようでもある。ここで特に注目されるのは、2羽の鳥である。一方の黄色い鳥は瞑想し、「死」とともにある。そしてもう一方の鳥は金色の輪をくぐり抜けて飛び立とうとしている。これらは、ゆう子の通ってきた、死と再生のイニシエーションを表しているとも思える。

最終回は出立の場面で終わる。「どこへ行っちゃうの？」という題はまさにゆう子の不安を表していると言える。出かけていくのはゆう子自身であると考えていたが、見送っているのは子どもと黒猫であり、これは治療者像であるとも考えられる。この回で終わることはゆう子も承知していたが、そうした寂しさも当然あるであろう。ゆう子の抱える問題の大きさから言っても、この先はまだまだまざまざまな課題があるであろう。治療者がそのあたりを十分に受け止めてあげられていたか、大きな反省が残るところでもある。

②ゆう子の成し遂げたこと

場面緘黙は、しばしば心的な外傷体験が発症の引き金になるとも言われている。母親の言葉から考えて、リレーで自分が転んで負けたことが、ゆう子の心の奥の傷として長く停留していたことがうかがえる。かけっこで一番速かったゆう子にとって、自分のせいで負けたことは受け入れがたいことであった。これに、こだわりの強さや頑固さ、そして記憶の反復などの発達障害の特性が加わるとすれば、一度受けた心の傷を回復するのは容易なことではなかったかと推察される。第10回について、私は深海に沈むバスをその中核ではないかと指摘した。バスは、かつては速く走り、人々が乗り降りする社会的なものであった。ゆう子の心の奥に沈み込み、根づいてしまったこの塊は、ゆう子自身によって解体される必要があった。ゆう子にとって、箱庭をつくることは、自分の内なる声に耳を傾け、心の奥のわだかまりを解き

第2章　自分自身の人生の物語をつくり上げていった子どもたち

ほぐし、新たな自分をつくり上げていく、精神内界の大きな仕事であった。

　また、身体と心の関係ということで言えば、毎回軽運動を取り入れたことが有効であった。畠瀬（1978）は、身体緊張の激しい緘黙児の治療においては、生体レベルでの緊張の緩和が重要課題であるとしているが、当初身体を硬くして蝋人形のようであったゆう子の状況を解いたのは運動であった。第4回で空振りをして「あっ」という大きな声が出たのは象徴的である。また、ゆう子はその中で盛んに攻撃性を発揮しているが、場面緘黙が、過去に自分を傷つけた者への「攻撃性の間接的な表現」や「敵意の置き換え」（一谷他，1973）としての側面を持つとすれば、心の奥にわだかまったものを吐き出す機会ともなったであろう。箱庭づくりが精神内界にかかわる仕事であったとすれば、シャトルをやりとりするバドミントンのようなゲームは、身体へのアプローチであるとともに対人関係にかかわる作業であったと言える。これらが相補的に作用することで治療が促進されたと推測される。

　場面緘黙の様相は多様であり、ゆう子のそれはリレーで転んで負けたことがきっかけであったかもしれない。しかしその本質にはゆう子の持っていたこだわりの強さや頑固さ、硬さが関係していた。そうしたゆう子の奥深いところに箱庭は働きかけ、呼び覚ました。ゆう子にとって、箱庭との出会いはまさに人生を転換するほどのものであったと言えよう。

168

第3章

病気の子どもの表現と
元型的なイメージ

第3章　病気の子どもの表現と元型的なイメージ

1

表現活動の意味

存在の根拠を求める

　これまで述べてきたように、病気の子どもたちは自らの内面を絵画や箱庭や物語などにさまざまな形で表現してくる。それは病気の子どもに限らず、健常の子どもにも共通することではある。だが、病気の子どもの場合はなおいっそう、自らの存在の根拠とも言うべきものを求めるかのように、執拗にそれらを表してくるように思えてならない。近藤 (1990) は、筋ジストロフィー児の表現を見てくる中で、表現には存在としての表現と伝達としての表現があるが、存在としての表現は「表さざるを得ない、魂の叫び」であると述べている。病気の子どもの表現してくるものを考えたとき、この「表現せざるを得ない」ということは重要である。それはまさに自らの「存在の根拠」と関係するものであろう。そしてこの存在としての表現は、伝達されることによって新たな意味を成してくる。

　キューブラー・ロスは、その著書『死ぬ瞬間の子供たち』(キューブラー・ロス, 1982) の中で次のようなエピソードを書いている。ある小児病院で1年余りも移植用の腎臓を待っている少年がいた。怒りっぽい、すぐ食ってかかる、うつ状態のこの少年は、あちこちの女の子たちをピストルで撃つまねをして脅かして問題になっていた。キューブラー・ロスがこの少年に訳を尋ねると、実は少年は健常な腎臓を持っている子どもを狙って銃で撃って殺すまねをしているのだった。キューブラー・ロスは、この少年の行動が、他の子どもが

170

早く死んで、自分に生きるチャンスを与えてくれという内心を伝えようとしていたことを知る。こうした絶望感にとらわれている子どもたちの非言語コミュニケーションを理解し、このシンボル的な行動を別の形で表現できるようにしてやることを助けることで、初めて彼らの焦燥と怒りを、私たちは共感できるのだと述べている。

表現活動の創造的側面

　描画や箱庭や物語づくりが、こうした子どもたちの内的な不安や苦しみや葛藤を表出し、カタルシスを促し、心理的な安定や解放につながっていることは明らかであろうし、事例の中でも述べてきた。それは絵画や箱庭や物語づくりの持つ大きな意味であり、心理的に守られた中で、表現されたものをしっかり受け止めてあげる人がいれば大きな効果を得ることであろう。私たちはそれをまず第一に考えておかなければならない。

　このような表現活動の意味は誰しも認めるところであろうし、教育活動やカウンセリングの中でもさまざまな形で取り組まれている。しかし、これまで繰り返し述べてきたように、本書で追究してきたのはそれだけではない。私がこうした表現活動を重視するのは、それらの持つ創造的側面に注目しているからであり、人間が本来備えている力を引き出し、新たなものを創り上げようとする働きや作用を重視しているからなのである。そこには、人間一人一人が持っている力、目に見えない心の奥深くにあって私たちを導き動かしているものへの信頼と期待がある。

　第1章の初めに述べたように、ユングは人間の無意識のさらに深い層に、宗教性や創造性といった価値を持ったものを産み出す「普遍的無意識」を想定した。そこには元型という心の働きのもととなるものが潜んでいる。この章では、これまで見てきた子どもたちの表現の中で、元型から産み出されてくるイメージがどのような働きや作用をしていたのかを見ていきたい。

第3章　病気の子どもの表現と元型的なイメージ

2

老賢者と精神元型

個性化の過程

　人間の無意識には神話を生み出す働きがあると言われる。無意識の奥底に
うずまく想像的なイメージは、機会があれば説話的に展開しようとする。そ
れらはおとぎ話となり伝説となり神話となる（井筒, 1992）。個人で言えば、
それは夢の中に現れたり物語となって表現されたりする。私たちがどのよう
に生きていくかということは、どのような個人の物語を生きていくかという
ことでもある。それは人間が生涯かけて行う創造活動であるとも言える。

　ユングは、こうした創造活動の中で、個人に潜在する可能性の実現へと向
かうことを「個性化（自己実現）の過程」として、究極の人生の目的であると
言っている。それは、それまで生きてこなかった自分の、影の部分を知るこ
とであり、新しい自分との出会いであると言ってもよい。そしてそれは、最
も自分らしく、自分だけに与えられたかけがえのない意味を見出して生きて
いくことである。

　病気の子どもの心理療法を行ってくる中で、私はしばしばこのような個性
化の過程を髣髴とさせるような作品に出会ってきた。それは、第2章の事例
で述べたように、その人の人生の根本にかかわるような変容過程であった。
そこには、先の見えない暗闇の中で、もがき苦しみながらも必死にそれらと
格闘して進んでいく子どもたちの姿があった。

　その子どもたちの物語づくりの中で、しばしば登場してきたのが「自己」

172

の象徴的表現としての「老賢者」である。これは、おとぎ話などで主人公が困難に出会ったときなどに現れて、助言や忠告をしてくれたり、事態を打開するための助けとなるものを与えてくれたりする智恵を備えた老人の姿として現れる。

ユングは『元型論』(ユング, 1999) の中で、こうした老賢者的なものは「精神元型 (ガイスト)」であると述べている。精神元型 (ガイスト) は、人間に刺激を与え、すばらしい思いつきや忍耐力、活気、そしてインスピレーションをもたらしてくれるものである。老賢者は夢の中では、魔法使い、医者、牧師、教師、教授、祖父あるいは権威を持った誰かとして現れる。精神元型 (ガイスト) は、人間以外にも小人や動物の姿をしており、自分の力ではどうすることもできないときに現れ、洞察や必要な助言を与えてくれる。この元型は「精神の欠けたところを埋めるような内容によって補償する」のだという。精神の類型が老人として現れる頻度は、夢とおとぎ話ではほとんど同じであって、「老人が現れるのは、いつでも主人公が絶望的な状況に陥っているときであり、そこから彼を救えるのは深い熟慮や、うまい思いつきだけ、つまり精神の働きか (ガイスト)、心の中の自動的な働きだけである」という。

独特なイメージ

病気の子どもの物語づくりにおいても、セラピストが子どもに寄り添って聞いていくと、物語は思わぬ方向に展開していった。そこでは、主人公はたいてい厳しく、苦しい状況の中にいるのだが、老賢者的なものは、もうだめだと窮地に陥ったときに現れては、主人公をそこから救い出したり、示唆的な言葉を投げかけたりしていた。まさにおとぎ話における老賢者の働きと同様である。そして、その現れ方は病気の子どもそれぞれに独特な形であって、極めて特徴的・個性的であると感じる。そこでは、老賢者は障害を抱えていたり、病気や障害の意味を教えてくれたり、目標に気づかせてくれたりする。

このような働きをする老賢者は人間とは限らず、動物であったりする場合もあるが、ユングによれば、問題の内容が意識化されていない場合には、動

第3章　病気の子どもの表現と元型的なイメージ

物の姿として現れてくるのだという。おとぎ話と同様に、作品の中で「助けてくれる動物」は、助けてくれる老人と同じ働きをする。そこでは、動物は人間の言葉を話し、利口で、人間よりも物知りな存在である。病気の子どもの物語には、この種の動物がたくさん登場してきていた。私は、動物の登場は第1章の7で述べたような、病気の子どもの意識水準の低下と関連するのではないかと考えている。

　林はユング『元型論』の訳者解説（林, 1999）の中で、「元型的なイメージの内容や現れ方は、個人個人においてきわめて個性的である」と述べている。確かに、パターンとしての元型は人類共通のイメージであるが、それがどのように現れてくるかは、その人の個性や、その人が置かれた状況に関係した独自性があると思われる。病気の子どもの場合には、その内容や現れ方が極めて独特だと述べたが、それは「病気や障害に関係する元型的なイメージ」と言ってもよいかもしれない（それらについては次節で述べる）。ここでは、物語づくりの中で、病気や障害と関係があって独特であると思われるものを、その仲立ちとなったものとともに順に挙げてみる。似通った意味合いのものもあるが、その多様性を示すためにあえて別項目とした。

（1）障害を持つ自分に目標を持たせ、強くして、願いをかなえるもの
　　　事例4－③「崖の上に咲く花」
（2）病気を肩代わりしてくれ、新たな生を生み出すもの
　　　事例15－③「自らは枯れて湖に沈む桜の木」
（3）自分の中のネガティブな部分に気づかせてくれるもの
　　　事例19－②「『魔物はあなた自身だ』と告げる天使」
（4）自死を思いとどまらせ、共にあることに気づかせてくれるもの
　　　事例19－⑨「『（死んでは）ダメだよ』と言う洞穴」
（5）障害の意味や、障害について別の見方を教えてくれるもの
　　　事例20－⑤「『ものは考えようさ』と諭す羽のあるカタツムリ」
　　　事例20－⑦「『谷の底も良いところ』だと教えてくれる老カタツムリ」
（6）過去と現在の両方の自分を受け入れるように促すもの

事例20－⑥「『前世は桜の花びらだった』と教える桜貝」

（7）心の深層からエネルギーをもたらすもの
　　　事例20－⑧「栄養物の豊富な谷底へ案内してくれるクマ」

（8）自己イメージの変容を促し、真の自己に気づかせてくれるもの
　　　事例27　俳句イメージ法①「追いかけてくる変な生き物」
　　　事例27　俳句イメージ法③「ついてきてと言う不思議な生き物」

（9）自分の進むべき道を問いかけ、目標に気づかせてくれるもの
　　　事例29－⑫「丘の上で第三の道を示す鳥」

（10）自分を振り返らせ、自分の障害性に気づかせてくれるもの
　　　事例39－①「死んでしまった母」

（11）「死」や生と死の境界について気づかせてくれるもの
　　　事例39－②「川を渡るおばあちゃん」

（12）病気による「死」から再生をもたらすもの
　　　事例40「谷底に落ちて天使として舞い上がる蝶」

　このように、元型的なイメージや老賢者のイメージの現れ方は実に多様であり、仲立ちとなり示唆を与えてくれるものも老人や動物、植物などさまざまである。

　ユングによれば、おとぎ話の中で出てくる老人がよく、「誰、なぜ、どこからどこへ？」と尋ねるが、「これによって自覚と道徳的な力の集中とがもたらされる」という。それは、危機的状況に際して、断固とした姿勢で臨むのだという自覚と、全人格、精力を傾けていこうとする集中力である。老人の介入は元型の出現を意味するが、意識的な意志の力だけでは問題を解決するだけの力を備えた人格とはならないので、それは不可欠である。そしておとぎ話のみならず人生一般においても、困難を解決するためには元型の干渉が必要であって、それが一連の内的な対決や自覚化の過程を通じて、「誰が・どこで・いかにして・何のために」が明らかにされ、それによって現在の状況や目標が認識できるようになるのだという。

　病気の子どもたちの物語においても、主人公は迷い、進むべき道を見失っ

ているのだが、そこに老賢者的なものが現れて、示唆的な言葉を投げかけたり、主人公を導いたりする。「魔物はあなた自身だ」(事例19-②)、「堤防を壊してごらん」(事例19-⑧)、「ついてきて」(事例27俳句イメージ法③)、「キミは皆と同じ道でいいのかい?」(事例29-⑫)、こうした言葉や問いかけや誘いによって、主人公は自らの状況に気づき、目標を定め、自らの道を見出していくのである。ユングは、熟慮をさせる老人の性格として、何はともあれ「ゆっくり眠りなさい」という勧めとして表されると述べているが、これなどは、事例20-⑦で、絶望に沈む主人公に「ゆっくり休みなされ」と言葉をかける老カタツムリの言葉と重なるものであろう。ユングの言うように、老人は一方では知識、洞察、賢明や直観を表すとともに、他方では親切や援助といった道徳的な性質を表す、まさに「精神的」性質を示しているのである。

意識水準と心理療法の器

　ところで、精神元型とは、ユングが身を置いていたキリスト教世界においては独特の意味を持っていた。それは「世俗的・現世的・肉体的なものから超越した、純粋な精神的・霊的な原理」(林, 1999)であり、神に近いものとして考えられていた。したがって、現代に生きる私たちにとってはかなり縁遠いものであり、現代人が「精神」を理解したり体験したりするのは極めて困難であると思われる。

　一方、第1章の7で述べたように、私は病気の子どもの表現活動の中に元型的なイメージが多く現れてくるのは、日常とは違った意識水準の問題と関係があるのではないかと考えている。そうした意識状態の中で、病気の子どもの表現活動に現れる、仲立ちとなるものの多くが動物や虫や何らかの生き物の姿をしていることは興味深い。動物の姿をしているということは、人間的な意識の次元とは異なることを意味している。ユングは、おとぎ話によく出てくる「助けてくれる動物」というモチーフは、精神元型が動物の姿によって表されていると言ってよいと述べている。人の知らない知識を持ち、助けてくれたり問いかけたりしている動物は、神に近い存在として現れているの

である。だとすれば、病気の子どもがその日常とは違った意識水準の中で、より精神元型に近いところに存在しているということはできないだろうか。

さらに、林（1999）は次のようにも述べている。「元型の現れ方は、意識の一面性を補償するという意味でも、また人生の時期ごとに必要な元型が現れるという意味でも、目的論的」である。元型が、「人生の節目節目の出来事をうまく乗り切ることができるように、適切なイメージを送ってくれる」のだとすれば、病気や障害によって引き起こされている人生の一大事において、その状況から救い出すようなイメージがわいてくるという考え方はとても理解しやすいし、病気の子どもの表現活動を考える際に光明を与えてくれる。

一般に、マンガやお話の中でも、主人公が危機的な状態のときには正義の味方が現れて主人公は助かるようにはなっている。だが、病気の子どもの物語の中では、正義の味方とはまた違った、動物や老賢者的なイメージが現れて示唆を与え、それぞれ独特な形で主人公が息を吹き返していく。それは自らの病気を抱えたまま生きていく方策であったり、それを乗り越えていく手立てであったり、新たに進んでいく道であったりする。そしてその展開が、その子にとって心の深いところから出てきたと思われるイメージによるものであるほど、その子の存在を揺るがすほどの体験となり、変容へとつながっていく。これは、まさに初めに述べた「ヌミノース体験」と言えるものであろう。昨日見たアニメと同じく正義の味方が現れてぱっと助けた場合はあまり変わらないだろうが、心理療法の中での、その子のたましいを揺さぶるような体験を通して、そうした劇的な変容が起こると考えられる。こうした深いイメージに子どもが浸るためには、まさにセラピストとその子どもの関係性が大切であり、その場が大切であり、媒体となるもの（例えば俳句や箱庭や絵画）が意味を成すのである。心理療法の器とは、まさにそういうものであると私は考えている。

第3章　病気の子どもの表現と元型的なイメージ

3

グッゲンビュール・クレイグの
障害者元型

病気や障害と関係するイメージ

　これまで見てきたように、病気の子どもの表現活動の中では、病気や障害
を持つ自らの心理的な側面のみならず、身体的な側面までもがそこに現れて
いた。それらは元型的なイメージとしてとらえられると初めに述べたが、そ
れは、あるときは病気や障害や傷つきのイメージとして、またあるときは物
語の中で主人公の危機的状況を救うものとして、あるいは主人公が迷ってい
るときに貴重な助言を与えるものとして現れてきていた。

　樹木画や風景構成法はどちらかと言えばアセスメントの意味合いに重点を
置いて行ってきたが、樹木画では、枝が無残に切り落とされていたり（事例2、
7）、木全体が枯れ果てていたり（事例4、14）、中心である幹がなかったりした
（事例1）。精神疾患や発達障害を伴う子どもの場合には、樹木が隅っこに追
いやられていたり（事例10、13）、宙に浮いていたり（事例11）、外界から強い
圧力を加えられていたりした（事例12）。病気の子どもでなくともこうしたも
のは現れるが、病気の子どもの場合、その身体疾患や障害の状態が如実に現
れているように感じられる。

　風景構成法においては、目標や行く手が障害物によって閉ざされていたり
（事例15、19）、自らの立場や居場所が危うかったり（事例10）、活動性が著しく
乏しく、弱々しかったり（事例14、17）、行き先が定かでなく、流れがさえぎ
られていたり（事例16、20）と、抱える問題は樹木画よりも物語的に現れてき

178

ていた。箱庭においても、身動きがとれない状態だったり（事例24、27）、暴れ狂う状態が延々と続いたり（事例25）、閉じ込められて息苦しい状態だったりした（事例26）。もちろんこれらも、病気の子どもでなくともその心理的状態によって現れてくるかもしれないが、病気の子どもの場合は、入院生活とか、治療とか、喘息や白血病などの病気そのものと直接関連するような、生活の文脈と通じるような現れ方をしているような作品が非常に多い。

　描画や物語づくりでも同様である。描画では、そのときの心理的側面はもちろんのこと、自分の病気や身体の状態がそのまま現れているように感じられるものが少なくない。登場人物や動植物がひどい環境に置かれていたり（事例36）、背景が暗い、怖い、寂しいところであったりした（事例34、35）。あるいは疾患の部位に特別な印が現れている例があったり、自らの運命を予知するような内容が含まれていたり（事例31）もした。物語づくりで言えば、主人公はたいてい弱虫であったり、怪我をしていたり、身体のどこかに障害があったり、危ない立場にいたりする（事例4）。あるいは、ひとりぼっちで孤独であったり、寂しい場所にいたり、苦しんでいたり、どこか死を意識していたり、消え入りそうであったりする（事例15、20）。こうした物語の設定自体に、自分自身の状態が投影されているのである。

障害者元型

　こうした自分の中の欠落した部分、不完全さや弱さを生きるとき、グッゲンビュール・クレイグ（Guggenbühl-Craig, 1980）は、その生の背景に「障害者元型」というものを想定した。彼は、「完全さの欠如、障害、身体的・精神的・心的な機能の侵害はずっと人間とともにあった」のであり、病気である、障害を持っているという体験は、「人間の生においては重要で典型的なものであって、元型的反応と呼ぶことができる」ものである。したがって「様々の慢性的な身体的・精神的・心的な欠陥を介して障害者元型が働いている」というのである。そういう意味では、病気の子どもの絵画や箱庭や物語は、障害者元型のイメージに満ちていると言っても過言ではない。

第3章　病気の子どもの表現と元型的なイメージ

　ここで付け加えておくが、グッゲンビュール・クレイグは障害者元型と病気元型とは区別して考えている。病気はほとんど一定の期間しか続かず、流動的で一過性のものであり、一方、障害は慢性的な状態であり、身体や脳や精神や心の持続的な欠陥である。本書で取り上げた病気の子どもは、「病気」と名がついていても一過性のものではなく、慢性的なものである。近年は、慢性疾患に関して「健康障害」や「内部障害」とも言われるように、生涯を通じて付き合っていかなければならない、障害としての特性を持つものとしてとらえられている。

　ところで、障害者元型は、障害がある者だけでなく、障害のない者にも出現しうるものであるとグッゲンビュール・クレイグは言う。先に述べたように、元型は、人間が何度も繰り返し体験した状況に対する反応として生じたものであったが、時がたつにつれて、外的・具体的な状況とは直接関係しない場面でも出現しうるようになった。例えばある女性の人生において、その人に子どもがなくても母親的な元型が現れて作用することがある。母親元型は子どもだけに影響を及ぼすものではなく、例えば「寛容な社会」などという観念として社会全体に影響を及ぼす可能性もある。また父親元型というのは、初めは自分の子どもに対する父親の行動にかかわるものであったが、その後「家父長制社会」というような社会構造にかかわるような行動様式ともなった。こうしたことと同様に、「障害者元型が働く、障害者元型を生きる」というのは、障害者当人だけにかかわるものではなく、誰にとっても関係するものなのである。しかもグッゲンビュール・クレイグは、人間は生涯にわたって、事故や、病気や、加齢によって損傷を受けるものであり、そういう意味では、「人間は誰しも障害を抱えている」という。これは私たちが生き方を考える上でも非常に示唆に富んだ考え方であると思う。2016年の夏、相模原市で一人の若者が重度障害者を施設内で次々と殺害するという事件が起きた。取り調べに対して犯人は「社会に役に立たない障害者は抹殺されて当然だ」という意味のことを平然と述べたという。この青年が、自らも障害者であるかもしれない、障害者になるかもしれないという障害者性に気づいていたならば、このような凶行には及ばなかったかもしれない。

180

新たな道を歩む力

　元型の性質としてもう一つ重要なことは、それがどんなものであれ、もともとの状態として対極性を持っているということである。グッゲンビュール・クレイグ（Guggenbühl-Craig, 1980）は、元型は単独で母親元型、父親元型などと考えるべきでなく、母親－子ども、父親－子どもなどとしてとらえる必要があるという。同様に障害も単独でとらえるべきでなく、「健康－障害」としてとらえる必要があるという。その意味で、グッゲンビュール・クレイグは完全な健康を幻想だとして、健康の完全性を異常に追い求める現代の風潮を戒めている。

　元型の性質はそれ自体、良くもなく悪くもないものとされ、創造的な面と破壊的な面を併せ持っている。元型はただ、それがどう現れるかによって否定的あるいは肯定的な作用を及ぼす。グッゲンビュール・クレイグによれば、障害者元型が否定的に働いている場合には、その人は退屈で依存的で怒りっぽく、悲観的で絶望しやすい。また憎しみに満ちていて人間嫌いであるなど、周囲と敵対的になったり、内にこもったりすることがある。仕事も放棄し、周囲に障害者である自分への援助を望むようになるという。このような場合、不幸で苦しい状態だけがその人を覆っているであろうし、そこからは何も生まれない。

　一方、障害者元型が肯定的に働くとき、その人は、慎み深さや内省の能力を持っていて、周囲の雰囲気を友好的で受容的なものにする。人間の弱さを悟り、心身の弱さや限界に直面し、死を避けることはできないことを知っている。また人間関係においては、自らの弱さや限界を知っているゆえに、相互の依存を受けやすくする。こうしたことから考えれば、いわば「障害性を通して自己実現への道が開かれる」というのである。

　このように、障害者元型が肯定的に働く場合には、障害を持って生きる人に大きな実りをもたらしてくれる。病気の子どもがさまざまな障害を抱えながら生きていく上では、この概念は私たちに大きな示唆を与えてくれるのではないかと思う。

第3章　病気の子どもの表現と元型的なイメージ

　作品づくりの中で、子どもたちは傷ついた、障害のある、自らの危機的な状況を表現する。まさにそのとき、セラピストがそのイメージに寄り添って聴いていくと、物語は思わぬ方向に展開していく。これまで述べてきたように、主人公が危機的な状態に陥ったときに、不思議なものが現れて、主人公を助けたり、示唆的な言葉を投げかけたりする。それは例えば、天使や超越的なものであったり、動物や虫であったり、老人であったり、見たことのない不思議な生き物であったりした。そうしたものが働く中で、主人公は何らかの新しい道や可能性を見出していくことができた。私は、このような老賢者的なものの出現と、それによるクライエントの気づき、生きる姿勢や態度への反映が、心理療法の意義の一つではないかと考えている。そしてそれは、まぎれもなくその人の中で、障害者元型が肯定的に働き出したということではないだろうか。

　障害者元型という概念は、もともとはグッゲンビュール・クレイグが現代にあふれる「完全な健康」の対概念として提唱したものであった。実際、私たちは何らかの病を抱えており、その病の軽重が異なるだけなのかもしれない。しかし病を生きる人間として、その創造的、発展的な側面に注目したとき、そこに現れるイメージを通して自らの生き方を考えることで、豊かで実りのある人生を創造していけるのではないだろうか。それは、病気の子どもが生きていく上において大きな意味を持っている。

　心理療法の中で、セラピストにその痛みや苦しみを共有してもらうことを通して、子どもたちの心の中に、そうした状況からの回復や再生をもたらす創造的なイメージが現れてくることが少なからずある。障害者元型から生まれるイメージは、心の傷や苦悩を反映するとともに、その苦しみを克服し、新たな世界へ歩んでいくエネルギーを与えるように思われる。子どもたちは、病気という危機的な状況でそうしたイメージが浮かび上がることを体験し、そこから新たな道を個性的に歩む力を獲得していくのではないだろうか。

おわりに

　私が生まれたのは、昭和33年（1958年）、高度経済成長がこれから始まろうとするときである。東京タワーが建設され、高速道路が東京に縦横に張り巡らされ、6年後には東京オリンピックが開催されようとしていた。私は転勤族であったので、自分の故郷というのははっきりしないのだが、少年時代を過ごしたのは千葉県の田舎町であった。私は体はそれほど丈夫なほうではなかったが、それでも他の子どもと同じように野山を駆け巡り、川でフナやコイを追いかけたり、ザリガニを釣ったりして過ごしていた。外に街灯もない頃だったが、私たちは毎日真っ暗になるまで遊んでいた。その頃、ちょうど同じ時期に、私の住んでいる地域とそれほど離れていないところで、次のような詩を詠んでいる同年代の少年がいることなど、思いもよらなかった。

　それは、「死よぉー」という、筋ジストロフィーの少年が書いた詩である。

「死よぉー」

死よぉー　死よぉー
おまえはいつやってくるんだあー
早くきてはやだぞおー
ゆっくりどこかで
待っていてくれよおー

　　おれはまだまだ
　　生きたいんだよ
　　やることがたくさんあるんだ
　　恋もしたい夢もみたい

お礼もしたいんだよ
　　　いっぱい　いっぱい

　　だから死よぉー
　　早くきては　やだよぉー
　　ゆっくり　ゆっくり
　　やってきてくれよぉー
　　おねがいだ　死よぉー　死よぉー
　　わかったかい　返事してくれえー

　　　　　（甲山政弘詩集『長い道』より）

　この詩を知ったのは、私が病弱の養護学校（現在の特別支援学校）に赴任して
最初の年であった。たましいの声、というのであろうか、人間の心の深奥か
ら、絞り出されるような一言一言であった。私はこのとき、自分の黄金のよ
うな少年時代が、いかに尊くかけがえのない、得がたいものであったのかと
いうことを、深い感謝の気持ちとともに感じたのである。
　あの一瞬一瞬を味わえたこと、そしてあの一瞬一瞬を味わえなかった子ど
もがいたということ。私が病弱教育というこの仕事に携わるのには意味があ
るのだということをそのとき感じた。そして序章で書いたような、学校で起
こるさまざまな出来事に出会い、心を動かされるにつけても、いつか私は、
このことを書かなくてはいけないと思っていた。
　今は、特別支援学校を退職して大学で障害学生支援の仕事をしている。学
校を離れたことで、外から客観的に学校を見られるようになった。温かく、
安心感が持て、子どもたちにとっては実際に安全な場所である。そして何よ
り、そこでは守られた中で自分の力を発揮できる仕組みと環境が整ってい
る。入学時、転校時には体も心もボロボロになっている子どもたちの多くが、
そこで力を蓄え、新たな世界へと巣立っていく。今、わが国には引きこもり
の人が100万人いるとも言われる。この人たちがひとときでも特別支援学校

で過ごしてきたならば、少しは違う道もあったのではないかと思ってしまう。

　今、改めて自分の出会ってきた子どもたちを思い、自分のやってきた仕事を振り返ると、それ自体が自分を支え、自分を養い育ててくれたことに気づく。私が退職で特別支援学校を去るとき、第2章の事例の最後に挙げたゆう子が私に花束をくれ、初めて私に「ありがとうございました」とはっきり言葉をかけてくれた。教室では少しずつ言葉を出すようになっていたゆう子であったが、私の前ではまだ一言も発していなかった。場面緘黙の場合、生活場面では言葉が出るようになっても、治療者には最後まで話さない場合も多いのである。私は彼女の声を聴いて、感無量だった。まさに教師冥利に尽きる思いであった。

　そしてまた、新しい職場に来て1ヶ月もたたないうちに、私は3月に高等学校を卒業した生徒の訃報を聞いた。高校2年生で脳腫瘍が見つかり、特別支援学校に転校して療養生活を送り、3年生の終わりに念願であった高等学校に戻って卒業した矢先であった。特別支援学校に在籍中は、私が病院や家庭を訪問して授業を行った。水球で鍛えた大きな体は少しずつ衰弱していた。しかし極めて厳しい病状の中でも、彼は一言も弱音を吐かず、家族にも「大丈夫、大丈夫」と合図をして、1年以上も、食事をとることもできず、言葉を発することもできず、ベッドに横たわっていた。それが私の最後の生徒だった。これもまた病弱教育の現実である。

　今、その道のりを振り返り、感謝の気持ちと、追悼の気持ちを抱えつつ、これからは違った形で彼らを支えていこうと思っている。病気の子どもはこれからも同じように悩みや不安を抱えながらそこにいるだろう。私は、私にできることを、できる形でやっていきたい。

　最後になりましたが、本書の執筆にあたって、事例の掲載を快く承諾してくださった皆様には心より御礼を申し上げます。絵画や箱庭、物語の作品の掲載にあたってはできる限りの承諾を得るよう努力しましたが、作品の収集を始めてからすでに25年以上になり、連絡の取れなくなっている方々もい

らっしゃいました。この場を借りて御詫びと御礼を申し上げます。

　本書の執筆にあたって、放送大学臨床心理学プログラムの倉光修教授には、お忙しい中時間を割いていただき、細部にわたり貴重なご助言を賜りました。まことに感謝に堪えません。また、「俳句イメージ法」の命名者でもあり、出版に向けて励ましをいただいた小野けい子教授をはじめ、私を心理臨床の世界にいざない、命と心の深遠さを教えていただいた放送大学臨床心理学プログラムの先生方には、ここに心より御礼を申し上げたいと思います。私にとって初めてとなる単著の出版に際して労をとっていただいた創元社の柏原隆宏さんにも、ここに記して御礼を申し上げます。

　　　　　　　　　　　　　2018年3月　桜の開花を待ちわびながら
　　　　　　　　　　　　　　　　角田哲哉

引用・参考文献

（アルファベット順）

秋山さと子 (1994). 改訂新版　箱庭療法Q&A　日本総合教育研究会　p.39.

秋山達子 (2005). SAND-PLAY TECHNIQUE　箱庭療法　追補版　Manual For Sand-Play Technique　日本総合教育研究会　p.23.

Allan, J. (1988). *Inscapes of the Child's World: Jungian Counseling in Schools and Clinics*. Spring Publications. (阿部秀雄 (監訳) (1990). 描画から箱庭まで──ユング派による子どもの心理療法　学苑社)

青木省三 (2001). ヒステリー (1) ──転換性障害　思春期の心の臨床　金剛出版　pp.162-178.

蘭香代子 (2008). 童話療法　誠信書房　p.79.

浅利篤 (監修), 日本児童画研究会 (編著) (1998). 原色子どもの絵診断事典　黎明書房

Bach, S. R. (1990). *Life Paints Its Own Span: On the Significance of Spontaneous Pictures by Severely Ill Children*. Daimon Verlag. (老松克博・角野善宏 (訳) (1998). 生命はその生涯を描く──重病の子どもが描く自由画の意味　誠信書房)

江口昇勇 (1996). 社会福祉における影元型と障害者元型　愛知淑徳大学論集, 21, 23-36.

Ellenberger, H. F. (1970). *The Discovery of the Unconscious: The History and Evolution of Dynamic Psychiatry*. Basic Books. (木村敏・中井久夫 (監訳) (1980). 無意識の発見──力動精神医学発達史 (上・下)　弘文堂)

藤掛明 (1999). 描画テスト・描画療法入門　金剛出版

藤原勝紀 (編) (1999). イメージ療法 (現代のエスプリ387)　至文堂

Furth, G. M. (1988). *The Secret World of Drawings: Healing Through Art*. Sigo Press. (角野善宏・老松克博 (訳) (2001). 絵が語る秘密──ユング派分析家による絵画療法の手引き　日本評論社)

古川裕之 (2015). 心理療法としての風景構成法──その基礎に還る　創元社

Guggenbühl-Craig, A. (1978). *Macht als Gefahr beim Helfer*. Karger. (樋口和彦・安渓真一 (訳) (1981). 心理療法の光と影──援助専門家の「力」　創元社)

Guggenbühl-Craig, A. (1980). *Seelenwüsten*. Schweizer Spiegel Verlag. (長井真理 (訳) (1989). 魂の荒野　創元社)

Hardt, D. V. (1979). *Death, the Final Frontier*. Prentice-Hall. (井桁碧 (訳) (1992). 死の学び方　法蔵館)

畠瀬直子 (1978). 心因性緘黙症児のための心理治療仮説　児童精神医学とその近接領域, 19(4), 227-245.

林道義 (1999). 訳者解説　ユング, C. G., 林道義 (訳) 元型論　紀伊國屋書店　pp.464-498.

樋口和彦 (1978). ユング心理学の世界　創元社

Hillman, J. (1985). *Archetypal Psychology*. Spring Publications. (河合俊雄 (訳) (1993). 元型的心理学　青土社)

弘田洋二 (1986). 風景構成法の基礎的研究——発達的な様相を中心に　心理臨床学研究, 3(2), 58-70.

弘田洋二・長屋正男 (1988). 「風景構成法」による神経症的登校拒否の研究　心理臨床学研究, 5(2), 43-58.

堀川直史 (2003). 体の病と心のケア——身体疾患患者の精神症状のとらえ方　文光堂

一谷彊・津田浩一・西尾博・岡村憲一 (1973). 場面緘黙症の研究 (I)　京都教育大学紀要A, 42, 1-27.

伊原千晶 (1988). 障害者元型について　山中康裕・斎藤久美子 (編) 臨床的知の探究 (下)　創元社

飯森眞喜雄 (編) (2000). 芸術療法 (こころの科学92)　日本評論社

インモース, T., 尾崎賢治 (訳) (1985). 元型との出会い　春秋社

石川元 (1997). マンガ的表現としての棒人間 (stick man)　臨床描画研究, 12, 61-71.

石川元・野村和宏 (1988). 思春期やせ症の「病理と描画」　臨床描画研究, 3, 5-35.

伊藤良子・角野善宏・大山泰宏 (編) (2009). 「発達障害」と心理臨床　創元社

井筒俊彦 (1992). 意識と本質 (井筒俊彦著作集6)　中央公論社　pp.205-206.

Jaffé, A. (ed.) (1977). *C. G. Jung: Bild und Wort*. Walter Verlag. (氏原寛 (訳) (1995). ユング——そのイメージとことば　誠信書房)

Jung, C. G. (1953). *The Collected Works of C. G. Jung, Vol.7: Two Essays on Analytical Psychology*. Princeton University Press.

Jung, C. G. (1964). *Man and His Symbols*. Aldus Books. (河合隼雄 (監訳) (1975). 人間と象徴　河出書房新社　pp.236-251.)

Jung, C. G. (1965). *Memories, Dreams, Reflections* (recorded and edited by Aniela Jaffé). Vintage Books. (河合隼雄・藤縄昭・出井淑子 (訳) (1972-73). ユング自伝——思い出・夢・思想 (1・2)　みすず書房)

Jung, C. G. (1966a). The Aims of Psychotherapy. *The Collected Works of C. G. Jung, Vol.16: The Practice of Psychotherapy*. Princeton University Press, pp.36-52.

Jung, C. G. (1966b). *The Collected Works of C. G. Jung, Vol.16: The Practice of Psychotherapy*. Princeton

引用・参考文献

University Press.

Jung, C. G. (1968). *Analytical Psychology: Its Theory and Practice.* Routledge & K. Paul. (小川捷之 (訳) (1976). 分析心理学　みすず書房)

ユング, C. G., 林道義 (訳) (1999). 元型論　紀伊國屋書店

香川勇・長谷川望 (1997). 子どもの絵が訴えるものとその意味　黎明書房

皆藤章 (1994). 風景構成法──その基礎と実践　誠信書房

皆藤章 (編著) (2004). 風景構成法のときと語り　誠信書房

皆藤章 (編) (2009). 風景構成法の臨床 (現代のエスプリ 505)　至文堂

角田哲哉 (2012). 病弱教育における「俳句イメージ法」を用いた支援　放送大学大学院 教育研究成果報告, 8, 94-99.

角田哲哉 (2013). 俳句イメージ法の提唱──病弱特別支援学校に在籍する生徒への適 用を例として　日本芸術療法学会誌, 42(2), 30-41.

角田圭子 (2011). 場面緘黙研究の概観──近年の概念と成因論　心理臨床学研究, 28(6), 811-821.

Kalff, D. M. (1966). *Sandspiel: seine therapeutische Wirkung auf die Psyche.* Rascher. (山中康裕 (監訳) (1999). カルフ箱庭療法　誠信書房)

金原洋治他 (2009). 選択性緘黙23例の検討──発症要因を中心に　外来小児科, 12(1), 83-86.

河合隼雄 (1967). ユング心理学入門　培風館

河合隼雄 (1969). 箱庭療法入門　誠信書房

河合隼雄 (1976). 影の現象学　思索社

河合隼雄 (1982). 昔話と日本人の心　岩波書店

河合隼雄 (1991). イメージの心理学　青土社

河合隼雄 (1992). 心理療法序説　岩波書店

河合隼雄 (1993). 物語と心理療法　物語と人間の科学　岩波書店　pp.1-43.

河合隼雄 (1994). 能動的想像法について　シュピーゲルマン, J. M.・河合隼雄, 町沢静夫・ 森文彦 (訳) (1994). 能動的想像法──内なる魂との対話　創元社　pp.3-33.

河合隼雄 (2001). 物語ることの意義　河合隼雄 (総編集) 講座心理療法第2集──心理 療法と物語　岩波書店　pp.1-19.

河合隼雄, 河合俊雄 (訳) (2013). 日本人の心を解く──夢・神話・物語の深層へ　岩波 書店

河合隼雄・中村雄二郎 (1993). トポスの知──箱庭療法の世界　TBS ブリタニカ　p.45, 78.

河合俊雄（編）(2010). 発達障害への心理療法的アプローチ　創元社　pp.13-28.

木下敏子 (1977). 気管支喘息児の心理学的研究　日本小児科学会雑誌, 81(8), 719-733.

岸本寛史 (1996). 悪性腫瘍患者の語り　心理臨床学研究, 14(3), 269-278.

岸本寛史 (1999a). 無意識的身体心像と意識の水準　心理臨床学研究, 17(5), 466-476.

岸本寛史 (1999b). 癌と心理療法　誠信書房

コッホ, C., 林勝造・国吉政一・一谷彊（訳）(1970). バウム・テスト――樹木画による
　　人格診断法　日本文化科学社

近藤久史 (1990). 教師のオリジナリティーについて　病弱児の事例研究第11集（国立
　　特殊教育総合研究所病弱教育研究部）

纐纈千晶 (2014). S-HTPにおける現代青年の描画特徴の研究――新たな描画指標の構築
　　に向けて　名古屋大学大学院教育発達科学研究科博士論文

甲山政弘 (1975). 長い道――甲山政弘詩集　新書館

Kramer, E. (1971). *Art as Therapy with Children*. Schocken Books.（徳田良仁・加藤孝正（訳）
　　(2004). 心身障害児の絵画療法　黎明書房）

キューブラー・ロス, E., 川口正吉（訳）(1971). 死ぬ瞬間――死にゆく人々との対話　読
　　売新聞社

キューブラー・ロス, E., 川口正吉（訳）(1982). 死ぬ瞬間の子供たち　読売新聞社

待鳥浩司 (1996). 小児科, 精神科と風景構成法　山中康裕（編）風景構成法その後の発
　　展　岩崎学術出版社

丸光惠・早川香・赤司純子・兼松百合子・町田恵子・藤澤洋子 (1995). 慢性腎疾患患
　　児の療養生活に関する知識と受けとめ方について――退院直前の患児と母親の調
　　査より　千葉大学看護学紀要, 17(3), 111-114.

三上直子 (1995). S-HTP法――統合型HTP法による臨床的・発達的アプローチ　誠信
　　書房

宮木ゆり子 (1998). 内的世界からのメッセージについて――風景構成法を通して　心
　　理臨床学研究, 16(5), 429-440.

宮木ゆり子 (2001). 風景構成法から見た思春期危機の事例　臨床心理学, 1(5), 634-641.

村上由則 (2006). 小・中・高等学校における慢性疾患児への教育的支援――特別支援
　　教育の中の病弱教育　特殊教育学研究, 44(2), 145-151.

村田惠子 (2003). 健康を害された子どものストレス・コーピングと看護職の役割　小
　　児看護, 26(8), 974-981.

中井久夫 (1984). H・NAKAI風景構成法（中井久夫著作集別巻1）　岩崎学術出版社

中村伸枝・兼松百合子・武田淳子・内田雅代・古谷佳由理・丸光惠・杉本陽子 (1996).

慢性疾患患児のストレス　小児保健研究, 55(1), 55-60.

Naumburg, M. (1966). *Dynamically Oriented Art Therapy*. Grune & Stratton. (中井久夫 (監訳) (1995). 力動指向的芸術療法　金剛出版)

Neumann, E. (1974). *Ursprungsgeschichte des Bewusstseins*. Walter. (林道義 (訳) (2006). 意識の起源史　紀伊國屋書店)

西園昌久 (1980). ヒステリーの臨床　臨床精神医学, 9(11), 13-24.

丹羽登 (2015). 特別支援学校 (病弱) に期待される役割　平成27年度国立特別支援教育総合研究所専門研究B協議会講演

緒方明・江上昌三 (1996). 病弱養護学校を卒業した不登校生徒の追跡調査　小児の精神と神経, 36(2), 163-170.

岡田康伸 (1984). 箱庭療法の基礎　誠信書房　p.31, 49.

大井正己他 (1979). 児童期の選択緘黙についての一考察　精神神経学雑誌, 81(6), 365-389.

オットー, R., 華園聰麿 (訳) (2005). 聖なるもの　創元社

小澤實 (2007). 俳句のはじまる場所　角川書店

下山晴彦 (1990).「絵物語法」の研究――対象関係仮説の観点から　心理臨床学研究, 7(3), 5-20.

相馬壽明 (1991). 選択性緘黙の理解と治療――わが国の最近10年間の個別事例研究を中心に　特殊教育学研究, 29(1), 53-59.

シュピーゲルマン, J.M.・河合隼雄, 町沢静夫・森文彦 (訳) (1994). 能動的想像法――内なる魂との対話　創元社

末永蒼生 (2000). 答えは子どもの絵の中に　講談社

末永蒼生 (2010). 絵が伝える子どもの心とSOS　講談社

高橋雅春・高橋依子 (1986). 樹木画テスト　文教書院

高橋雅春・高橋依子 (2010). 人物画テスト　北大路書房

高橋依子 (2011). 描画テスト　北大路書房

高石恭子 (1996). 風景構成法における構成型の検討　山中康裕 (編) 風景構成法その後の発展　岩崎学術出版社　pp.239-264.

田村宏 (2000). 詩歌療法　飯森眞喜雄 (編) 芸術療法 (こころの科学92)　pp.66-72.

田中義人 (2003). 思春期と慢性疾患　小児科, 44(10), 1465-1468.

谷川弘治他 (編) (2009). 病気の子どもの心理社会的支援入門　ナカニシヤ出版

徳田良仁 (1990a). 俳句・連句の持つイメージの力　徳田良仁 (監修), 飯森眞喜雄・浅野欣也 (編) 俳句・連句療法　創元社　pp.4-18.

徳田良仁 (監修), 飯森眞喜雄・浅野欣也 (編) (1990b). 俳句・連句療法　創元社

Wallon, P. (2001). *Le dessin d'enfant.* P. U. F. (加藤義信・井川真由美 (訳) (2002). 子どもの絵の心理学入門　白水社)

矢吹和美 (1995). 自己発見への道——絵や物語に映しだされるこころの内容とのかかわりを通して　病弱児の事例研究第16集 (国立特殊教育総合研究所病弱教育研究部)

矢吹和美 (1999). 病弱児の心理的援助にかかわる授業の研究——「養護・訓練」の領域において　国立特殊教育総合研究所研究報告

山田実子 (2004).「障害観」に関する一考察——A. Guggenbuhl-Craig の障害者元型から　京都文教大学大学院臨床心理学研究科紀要, 2, 85-98.

山本昌邦 (編著) (1988). 病気の子どもの理解と援助　慶応通信

山中康裕 (1978a). 思春期内閉　中井久夫・山中康裕 (編) 思春期の精神病理と治療　岩崎学術出版社　pp.17-62.

山中康裕 (1978b). 少年期の心　中央公論社

山中康裕 (1984a).「風景構成法」事始め　H・NAKAI 風景構成法 (中井久夫著作集別巻1)　岩崎学術出版社　pp.1-36.

山中康裕 (1984b). 老人の内的世界　馬場謙一他 (編) 老いと死の深層　有斐閣　pp.61-90. (後に山中康裕. 老いの魂学 (ソウロロギー)　有斐閣 (1991), 筑摩書房 (1998) に収録)

山中康裕 (1997). 絵本と童話のユング心理学　筑摩書房

山中康裕 (1999). 心理臨床と表現療法　金剛出版

山中康裕 (2001). 心理療法からみた子どもの超越　たましいの視点 (山中康裕著作集2)　岩崎学術出版社　pp.91-120. (初出：教育と超越, 玉川大学出版部, 1985)

山中康裕 (2003a). たましいの木　たましいの形 (山中康裕著作集5)　岩崎学術出版社　pp.43-103.

山中康裕 (2003b). 児童精神療法としての心像分析について　たましいの形 (山中康裕著作集5)　岩崎学術出版社　pp.165-189. (初出：芸術療法講座1, 星和書店, 1979)

山中康裕 (編著) (2003c). 表現療法　ミネルヴァ書房

山中康裕・伊藤良子・河合俊雄・岸本寛史・平松清志 (2011). 箱庭療法と解釈　箱庭療法学研究, 24(1), 117-128.

初出一覧

第2章1　物語づくりを通してこころの再生を成し遂げた幸代
俳句イメージ法の提唱──病弱特別支援学校に在籍する生徒への適用を例として　日本芸術療法学会誌, 42(2), 30-41. 2013

第2章2　箱庭や物語づくりを通して自己イメージを変容させていったレイ子
箱庭, 俳句イメージ法による自己イメージの変容──転換性障害女子生徒の面接過程から　箱庭療法学研究, 27(3), 41-51. 2015

第2章3　こころの声に導かれて一歩を踏み出したゆう子
軽度に発達障害傾向のある場面緘黙女子中学生の箱庭療法──たましいからの呼び声による自立性の獲得　箱庭療法学研究, 29(2), 29-41. 2016

(いずれも改題し、内容を一部変更)

著者略歴 ....

角田哲哉 （かくだ・てつや）

1958年生まれ。放送大学障がいに関する学生支援相談室准教授。専門
は臨床心理学、特別支援教育。武蔵大学人文学部卒業、聖徳大学大学院
児童学研究科博士前期課程修了、放送大学大学院文化科学研究科臨床心
理学プログラム修了。病弱教育を中心に、30年以上にわたり特別支援
教育に携わる。著書に『自立活動の指導』（教育出版）、『障害児のための
授業法ハンドブック』（コレール社）などがある（いずれも分担執筆）。

....

病気の子どものこころの世界
描画・箱庭・物語づくりから見えてくるもの

2018年6月10日　第1版第1刷発行

著　者───角田哲哉
発行者───矢部敬一
発行所───株式会社 創元社
〈本　社〉
〒541-0047 大阪市中央区淡路町4-3-6
TEL.06-6231-9010（代）　FAX.06-6233-3111（代）
〈東京支店〉
〒101-0051 東京都千代田区神田神保町1-2 田辺ビル
TEL.03-6811-0662（代）
http://www.sogensha.co.jp/
印刷所───株式会社 太洋社

©2018, Printed in Japan
ISBN978-4-422-11680-8 C1011
〈検印廃止〉
落丁・乱丁のときはお取り替えいたします。

装丁・本文デザイン　長井究衡

JCOPY 〈出版者著作権管理機構 委託出版物〉
本書の無断複写は著作権法上での例外を除き禁じられています。複写
される場合は、そのつど事前に、出版者著作権管理機構（電話03-3513-
6969、FAX 03-3513-6979、e-mail: info@jcopy.or.jp）の許諾を得てください。